내면의 멜로디

Das kleine Buch der Lebenslust

Anselm Grün
Ed. by Anton Lichtenauer

Copyright © Verlag Herder Freiburg im Breisgau 2004
Korean translation copyright © 2005 by ST PAULS, Seoul, Korea

내면의 멜로디

1판 1쇄 2014. 2. 20
1판 2쇄 2016. 8. 26

글쓴이 안셀름 그륀
엮은이 안톤 리히테나우어
옮긴이 전헌호
펴낸이 서영주
총편집 한기철
편집 김정희 **디자인** 강은경
제작 김안순 **마케팅** 최기영 **인쇄** 영신사

펴낸곳 성바오로
출판등록 7-93호 1992. 10. 6
주소 서울특별시 강북구 오현로7길 20(미아동)
취급처 성바오로보급소 **전화** 944-8300, 986-1361
팩스 986-1365 **통신판매** 945-2972
E-mail bookclub@paolo.net
www.**paolo**.net
www.facebook.com/**stpaulskr**

값 12,000원
ISBN 978-89-8015-830-0
교회인가 서울대교구 2014. 2. 6 **SSP** 982

이 도서의 국립중앙도서관 출판예정도서목록(CIP)은 서지정보유통지원시스템 홈페이지(http://seoji.nl.go.kr)와 국가자료공동목록시스템(http://www.nl.go.kr/kolisnet)에서 이용하실 수 있습니다. (CIP제어번호 : CIP2014001672)

> 이 책은 저작권법의 보호를 받으므로 무단전재와 무단복제를 금합니다.
> 이 책 내용의 전부 또는 일부를 재사용하려면 반드시 저작권자와 성바오로출판사의 동의를 얻어야 합니다.

내면의 멜로디

안셀름 그륀 글
안톤 리히테나우어 엮음
전헌호 옮김

서문

　　　　　　　　　우리는 팔레르모Palermo의 어느 작은 마을에서 오월의 따스한 햇볕을 받으며 휴가를 즐기고 있었다. 그러나 그에게는 평소와 다름없이 일하는 날이었다. 그는 손수레에 옷가지를 싣고 지저분한 뒷골목을 누비며 창문을 통해 그에게 말을 걸어오는 주부들을 상대로 옷장사를 하는 사람이었다. 그는 언제나 노래를 불렀는데 주로 혼자 흥얼거리는 정도였고 이따금 목소리를 키우기도 했다. 그러다가 잘 아는 고객을 만나면 이름을 부르거나 짓궂은 농담을 보태기도 했다. 우리가 그를 바라보고 있는 동안 단 한 명의 주부가 보잘것없는 옷가지 하나를 사갔을 뿐이었다. 그래도 그는 아무런 불만 없이 맑고 화창한 날을 살아가고 있었다. 손수레를 끌고 노래를 부르며 계속 걸어가는 그 모습은 어느 삼류 오페라의 한 장면 같았다. 그러나 무엇보다 삶의 즐거움으로 가득 찬 장면이었다. 그의 직업은 결코 부러워할 만한 것이 아닌데도 한편으로 부러운 마음이 드는 것을 억누를 수 없었다.

그가 노래를 부른 이유는 무엇일까? 불러야만 했기 때문이다. 새가 노래하는 이유는 무엇일까? 해야만 하기 때문이다. 그는 자신의 노래를 통해 스스로에게 삶의 즐거움을 표현한다.

이러한 관점에서 볼 때 어린아이들은 새와 같다. 작거나 크거나 상관없이 아이들은 즐거움에 푹 빠져들 수 있고, 그 순간에 온전히 머물 수 있다. 아직 두 살이 되지 않은 꼬마 안토니아는 조금 전에 사무실로 들어와 자신을 매료시키는 무엇인가를 발견하고 기쁨으로 빛나는 얼굴과 눈빛을 한다. 그 아이의 온몸과 마음은 이 순간 기쁨으로 가득하다. 기쁨 아닌 어떤 것도 끼어들 자리가 없다. 그래서 당연하게도 한바탕 춤이 이어졌다. 어린아이들은 이렇게 존재할 수 있다. 이들은 걷지 않는다. 깡충깡충 뛰고 달리며, 자신에게 큰 소리로 말하거나 속삭인다. 진지하게 놀고 충만하게 살아간다. 온전히 자기 자신에게 빠져 자기를 잊고 동시에 활발하게 움직인다.

인디언은 갓난아이가 첫웃음을 짓는 날 모두 모여 잔치를 벌인다. 스위스의 피에로 출신인 디미트리Dimitri는 "갓난아이의 첫웃음은 사랑과 편안함에 대한 첫 표현이다"라고 말한다. 아이들과 어른들이 모두 피에로를 좋아하는 특별한 이유는 바로 그의 웃음이 우리를 함께 웃게 하기 때문일 것이다. 사람들은 "웃음은 우리를 진주처럼 빛나게 한다"라고 말한다. 웃음으로 삶의 즐거움 또한 넘쳐난다.

'삶의 즐거움'은 살아가는 데 즐거움을 지니는 것을 의미한다. 삶의 즐거움을 지닌 사람에게는 모든 무거운 짐이 떨어져 나간다. 몸과 마음을 돋우는 이러한 긍정적인 에너지에 의해 모든 것이 가벼워진다. 사랑과 황홀, 웃음과 기쁨, 춤과 잔치를 생각해보라. 음악이 그곳에 함께 있다.

데틀레프 블록Detlev Block은 "많은 어려움에도 불구하고 산다는 것은 아름다운 것이다"라고 말한다. 삶이 언제나 즐겁기만 한 것은 아니다. 그러나 마지막에는 언제나 긍정적인 측면이 압도적이다. 삶의 즐거움은 일종의 공기와 같은 에너지다. 연이 바람을 타고 떠오르듯이 즐거움은 우리를 일상생활 위로 떠오르게 한다. 산행을 좋아하는 사람이 온갖 종류의 걱정거리들을 저 멀리 두고 산에 오르면 그 모든 것이 작아지고 마음에는 기쁨이 솟아오르며 얼굴에는 미소가 떠오른다. 삶은 전체적으로 볼 때 결코 무겁고 어려운 것이 아니다.

만약 어린아이들이 이렇게 존재할 수 있다면, 우리 어른들이라고 그렇게 존재하지 말라는 법이 있을까? 도대체 누가 이 원초적 에너지를 틀어막고 흩어버리는 것일까? 교육 탓일까? 아니면 윤리 도덕의 회초리 때문일까? 그것이 무엇이든 상관없다. 중요한 것은 어떻게 하면 우리가 잃어버린 삶의 즐거움을 다시 회복할 수 있을까 하는 것이다.

"삶의 기쁨은 우리를 위해 언제나 충만하게 준비되어 있다. 그러나 우리 눈에 보이지 않는 깊고 먼 곳에 숨어 있다. 그곳에서 적개심이나 반발심 없이 귀를 연 채 조용히 있다. 올바른 말로 올바른 이름을 부르면 그것은 우리에게 다가온다."

 프란츠 카프카Franz Kafka가 일기에 기록한 말이다.

 안셀름 그륀Anselm Grün은 말한다, 삶의 즐거움은 우리 어른들이 다시 배우고 익힐 수 있는 어떤 것이라고. 온전히 지금 이 순간에 있는 것, 모든 감각을 동원하여 사는 것, 이 순간을 즐기는 것은 우리가 다시 배울 수 있는 것이다. 이러한 기술을 배우기 위해 특별한 것을 준비하거나 특별한 의지를 가져야 하거나 어떤 특별한 목표를 세워야 하는 것은 아니다. "오직 자기 자신을 잊어버리고 존재 자체를 맛보고 그것에 흥미를 가지면 된다."

 갈망은 그것을 추구하게 한다. 기쁨은 우리를 재미있고 활발하게 만든다. 우리가 피에로를 재미있어 하는 이유는 무엇일까? 그의 미숙하고 아둔한 행동을 업신여기기 때문은 아니다. 그가 아무런 목적의식을 지니지 않고 삶을 있는 그대로 표현하기 때문이다. 피에로가 사람들과 함께 놀이를 하면서 삶에 존재하는 온갖 종류의 모순을 있는 그대로 드러내며 풀어나가는 모습을 보고 사람들은 공감하고 함께 웃는다.

    훌륭한 피에로는 어린아이처럼 자연스럽게 놀이를 하는 사람이라고 디미트리는 말한다.

    가능한 한 어린아이처럼 되어보라. 삶이 즐거워질 것이다. 우리 자신에게도 다른 사람들에게도.

안톤 리히테나우어

차례

서문 · 4

긍정적인 에너지 · 13
— 우리에게 활력을 불어넣는 것

삶의 강 속으로 들어가자 · 47
— 모든 감각과 함께 온전히 현존하여

삶을 춤추자 · 89
— 기쁨의 멜로디와 하나 되어

하늘은 네 안에 · 131
— 행복하기 위한 방법

삶을 밝고 명랑하게 바라보자 · 171
— 삶의 경쾌함에 대해

매 순간이 기적 · 193
— 너의 시간을 즐겨라

긍정적인 에너지
- 우리에게 활력을 불어넣는 것

내면의 멜로디

삶을 좋아하는 사람은 누구인가?

'삶을 좋아하고 좋은 날들을 보고 싶어하는 사람은
누구냐?'라는 말을 들으면
너는 '접니다'라고 대답할 것이다.
그러면 하느님께서는 다음과 같이 말씀하실 것이다.
'네가 참되고 영원한 삶을 원한다면
네 혀를 조심하여 악한 말을 삼가고
입술을 거짓된 말로부터 지켜라!
악을 피하고 선을 행하여라.
평화를 찾아 나서고 그를 따라가라.'

베네딕토 성인의 수도규칙 머리말(15-17항)에 있는 말이다. 나는 뮌스터슈바르차흐^{Müster-schwarzach} 베네딕토 수도원에서 25년 동안 젊은이들을 위해 일해 왔다. 젊은이들을 위해 하는 일의 모토는 베네딕토 수도규칙 머리말에 있는 성인의 이 말씀이다. 성인은 "삶을 좋아하는 사람은 누구인가?"라는 질문으로 젊은이들을 수도원으로 초대했다. 우리의 목표는 젊은이들에게 삶을 좋아하도록 가르치는 것이다. 삶을 좋아하는 것은 쾌락을 좇는 사회가 제공하는 것과는 다르다. 피상적이고 표피적인 쾌락과 다른 것이다. 이것은 온전히 지금 이 순간에 머물고, 모든 감각을 다 동원하여 살며, 바로 이 순간에 일어나는 일을 있는 그대로 인지하기 위한 기술이다. 지금 이 순간에 존재하려면 나에게 지속적으로 뭔가를 요구하고 나를 이리저리 몰아가려는 수많은 내면의 소리를 떨쳐버리고 주의를 집중해야 한다. 모든 탐욕을 떨쳐버리고 나 자신을 잊어버릴 때, 비로소 나는 지금 이 순간에 온전히 존재할 수 있게 된다. 무엇보다 지속적으로 떠오르는 다음과 같은 질문에서 벗어나야 한다. '그것은 나에게 무엇을 주는가? 이것에서 나는 무엇을 느끼는가?' 오직 자기 자신을 잊어버리는 사람만이 순수한 현존을 맛볼 수 있고 그것에서 오는 즐거움을 느낄 수 있다.

내면의 멜로디

많은 만족, 적은 기쁨

언어는 기쁨과 만족에 대한 고유한 경험들을 지니고 있다. 'Freude(기쁨)'란 단어는 "기뻐하는, 즐거운, 반가운, 감사하는, 안심하는"이라는 의미를 지닌 'froh'에 뿌리를 둔 것으로서 내면이 상기되는 상태를 의미한다. 내가 기뻐하면 내 안의 마음이 상기되어 뛴다. 기쁨은 삶에 대한 애착과 관련이 있다. 애착은 마음이 느끼는 것 중 하나이다. 'Vergnüng(만족)'이라는 단어에는 "넉넉한, 충분한"이란 의미를 지닌 'genug'이란 단어가 숨어 있다. 나는 넉넉하게 받았다(Ich habe genug bekom-men). 한편 'Vergnügen'이란 단어는 법률용어에서 유래한다. 다른 사람이 나에게 충분히 지불하면 나의 요구는 충족된다. 그러면 나는 만족한 것이다. 만족은 외적인 보상과 관계가 있다. 나는 충분한 대접을 받아 만족을 얻기 위해 돈을 지불한다. 그러나 이러한 만족이 마음에 깊이 와 닿는 경우는 드물다. 기쁨 속에서는 마음이 춤을 춘다. 만족 속에서는 현재 이 순간에 충분한 보상을 받았다는 느낌을 갖는다. 이 문제를 깊이 생각한 헤르만 헤세 Hermann Hesse 는 다음과 같은 말을 했다.

우리는 단 1분도 헛되이 보내지 않으려고
서둘면서 삶을 살아가고 있는데,
이것이야말로 기쁨을 위협하는
가장 위험한 적이란 사실은 의심할 여지가 없다.
무엇이든 가능한 한 많이, 빨리 해결하고자 한다.
여기서 생기는 것은 언제나 많은 만족과 적은 기쁨이다.

헤세는 주변을 섬세하게 관찰하는 사람이었다. 그 결과 그는 늘 새로운 만족을 찾아 바삐 서두르는 행위를 몹시 비판하게 되었다. 항상 서둘기만 하는 사람은 기뻐할 여유를 가질 수 없다. 헤세는 오늘날 재미를 찾아 서둘러 다니는 사람들이 누리는 만족은 결국 올바른 만족이 아니라 일종의 대용품을 즐기는 것에 지나지 않는다고 확신했다. 그리고 이 현상은 그들에게 기쁨을 누릴 만한 내적 능력이 없다는 사실을 드러내는 표시이다. 기쁨은 지금 이 순간에 머물러야 얻을 수 있다. 한 이벤트에서 다른 이벤트로 바삐 찾아다니는 사람은 기껏해야 찰나의 만족만을 얻을 뿐이다. 헤르만 헤세는 이 부분에 대해서도 깊은 생각을 했다. 그 결과 그는 서두름이 기쁨의 적이란 것을 인식하게 되었다. 서둘러 할 수 있는 것은 기쁨이 아니다. 그것은 잠시 동안 지속되는 만족만을 얻을 뿐이다. 기쁨을 배우고자 하는 사람은

내면의 멜로디

반드시 천천히 발을 들여놓아야 한다. 여기저기 돌아다니며 새로운 만족을 날쌔게 붙들어 넉넉히 가지려 하기보다는 현재 이 순간에 온전히 머무는 것을 연습해야 한다. 새로운 만족을 찾아 늘 부산히 돌아다니기만 하는 사람은 자신의 마음과 동경을 결코 채우지 못한다.

19

병적으로 찾는 재미

방탕의 모태는 기쁨Freude이 아니라
기쁨이 없음Freudlosigkeit이다.

초인과 황홀을 추구한 프리드리히 니체Friedrich Nietzsche가 명철한 판단력으로 한 말이다. 어떤 사람이 세상의 온갖 재미를 전부 쫓아다니며 방탕하게 사는 것은 거기에서 기쁨을 느끼기 때문이 아니다. 사실은 정반대로 기쁨을 느끼지 못하기 때문이다. 기쁨을 느낄 능력이 없는 사람은 재미와 만족을 찾아 계속 돌아다니며 그러는 동안 한계를 모르고 집착한다. 역설적으로 들릴지 모르지만, 기쁨이 없는 상태는 병적으로 재미를 찾는 행위의 모태이다. 쾌락을 좇는 사회현상은 그 시대의 허망함을 반영하는 것이다. 이 시대엔 기쁨이 없다. 사람들은 마음의 기쁨을 잃었기 때문에 재미를 찾아다닌다. 그 재미라는 것도 대개 다른 사람을 희생시켜 가며 쥐어 짜낸 것이다. 재미를 위해 종종 다른 사람들을 우스꽝스럽게 만든다. 심지어 웃음거리를 찾으려고 다른 사람을 악용하기까지 한다. 그러면

내면의 멜로디

서도 그 행위가 당사자에게 얼마나 큰 상처를 주는지 인식하지 못한다. 그런 식으로 비인간적인 쾌락사회가 진행되어 간다. 그것은 모든 사람을 삶의 기쁨으로 초대하는 것이 아니다. 그것은 다른 사람을 아랑곳하지 않고 오로지 자신의 재미만 찾는 행위에 지나지 않는다.

이런 식의 재미에 맛들인 사람들을 관찰해보면 자주 슬프고 허망한 표정이 되는 것을 볼 수 있다. 다른 사람의 시선이 없는 곳에서 그들은 내면의 온갖 슬픔을 밖으로 드러낸다. 자신의 마음속에 있는 어두운 기분을 몰아내고 싶은 것이다. 그러나 그것은 쉬운 일이 아니다.

재미는 단지 외부에 머물 뿐 마음 깊숙한 곳으로 파고들지 못한다. 사실 모든 사람의 마음 깊은 곳에는 이미 기쁨이 자리 잡고 있으며 그것은 우리가 길어 올릴 수 있는 보물 가운데 하나이다.

21

행복 제조기

쾌락 중독은 결코 채워지지 않는다.
그것은 행복을 집어삼키기를 가장 즐겨 한다.

오스트리아 작가 마리 폰 에브너에셴바흐 Marie von Ebner-Eschenbach의 말이다. 그녀는 쾌락 중독이란 것이 있음을 분명히 했다.

그런데 기쁨 중독이란 것은 없다. 쾌락은 사람을 병들게 할 수 있다. 쾌락을 추구하는 것에는 끝이 없기 때문이다. 쾌락은 찾으면 찾을수록 부족해서 계속 더 찾게 된다. 그래서 결국 헤어나지 못한 채 중독되고 만다. 중독은 병이다. 중독이란 말에는 이미 병이란 의미가 들어 있다. 쾌락이 있는 곳이라면 어디든 찾아다니는 사람은 기쁨을 누릴 능력을 상실하게 된다. 마리 폰 에브너에셴바흐는 이러한 태도가 얼마나 파괴적인가를 탐식으로 인한 질병과 연계해서 잘 설명했다. 쾌락 중독은 행복을 집어삼킨다. 쾌락은 행복을 가져오는 것이 아니라 쫓아버린다. 그러므로 절제, 현재의 순간에 있는 것, 이 순간이 가져다주는 기쁨을 필요로 한다.

긍정적인 에너지

내면의 멜로디

만족하기 위해서가 아니다

사람은 만족하기 위해서가 아니라
기뻐하기 위해서 태어났다.

폴 클로델Paul Claudel의 말이다. 만족이란 말 자체가 이미 이러한 의미를 알려준다. 만족을 의미하는 독일어 'Vergnügen'은 경제 및 법률용어로서 본래 "지불하다, 만족시키다"라는 의미를 지닌다.

사람은 만족하기 위해서, 충분히 소유하기 위해서, 해소되기 위해서 태어난 것이 아니다. 사람은 기뻐하기 위해 태어났다. 기쁨Freude은 'froh'에서 온 말인데 '활발한hurtig', '흥분한erregt', '감동한bewegt'이라는 단어들과 관련이 있으며 모두 '껑충껑충 뛰다hüfen'에서 파생되었다.

루가 복음은 마리아와 엘리사벳의 만남을 서술하는 장면에서 엘리사벳의 뱃속에 든 아이가 기쁨으로 뛰었다고 기록했다. 고대 표준 독일어에서 기쁨에 해당하는 단어는 'frewida, frouwida'인데, 이것은 스웨덴어 가운데 생명의 충만함, 삶의 즐거움을 의미하는 'fröjd'와 닮았다. 기쁨은 만족보다 즐거움에 더 가깝다. 만족은 내가 원하는 것을 하나 채우는 것에 지나지 않지만, 기쁨은 나를 생생하게 만든다. 기쁨은 나를 껑충껑충 뛰게 한다. 기쁨은 나를 즐거움으로 가득 차게 한다.

내면의 멜로디

황홀한 광경

우리의 눈이 휘둥그레지는 황홀의 극치는
우리 주변의 수많은 사물과 사건 안에
이미 존재하고 있는데도
우리가 계속 그것을 찾아다니는 것은 아이러니다.

이 말은 시인 아나이스 닌^{Anais} ^{Nin}이 오락이나 쾌락을 좇는 사회가 형성되기 이전에 이미 한 말이다. 오늘날 특별한 체험을 찾아 나서는 경향은 오락 산업을 엄청나게 키워놓았다. 인간의 마음 깊은 곳에 오락과 쾌락에 대한 강한 동경이 없었더라면 이 산업은 오늘날처럼 이렇게 번창하지 못했을 것이다. 그런데 극치 체험이란 무엇인가?

심리학자 아브라함 마슬로우$^{Abraham\ Maslow}$는 '극치 체험'이란 사람이 인위적으로 만들어낼 수 없고 연극처럼 연출을 통해 내보일 수도 없는 것이라고 말한다. 그 체험은 우리가 온전히 지금 이 순간에 머물러 있으면 다가온다. 아침 해가 떠오르는 모습을 보면서도 그런 체험을 할 수 있다. 또 아이의 탄생이나 아름다운 산의 경치를 바라보면서도 그러한 체험을 할 수 있다. 극치는 사물 속에 이미 존재한다. 그것을 인지하기 위해서는 그저 눈을 뜨기만 하면 된다.

긍정적인 에너지

내면의 멜로디

긍정적인 원동력

그리스 철학은 즐거움을 어떤 행위를 하게 만드는 긍정적인 원동력으로 보았다. 그러나 사람마다 조금씩 다른 견해를 지니고 있었는데, 그리스 철학자 가운데 가장 위대한 플라톤은 추구하는 목적에 따라 즐거움을 여러 형태로 구분했다. 높은 도덕적 가치나 이성적이고 윤리적인 목적을 추구하는 과정에서 느끼는 즐거움은 사람의 품위에 어울리는 것이다. 이와 달리 순전히 세속적이기만 한 즐거움은 그렇지 않다. 플라톤은 즐거움을 사람의 내적 평정을 되찾아주는 것으로 보았다. 말하자면 즐거움은 내면의 건강에 매우 필요한 것이다. 아리스토텔레스는 즐거움에 대해 다른 견해를 성숙시켰다. 그는 즐거움이 어떤 온전한 행위에 뒤따른다고 보았다. 사람이 어떤 일에 온전히 몰두하여 제대로 할 때 언제나 즐거움을 체험한다는 것이다. 말하자면 즐거움은 우리의 행위에 동반하는 존재이다. 우리에게 주어진 본성적인 능력을 온전히 발휘할 때 우리는 즐거움을 체험하게 된다.

즐거움의 상실

즐거움은 신학에 결코 반가운 주제가 아니었다. 사람들은 오랫동안 즐거움을 성적 즐거움과 동일시했다. 그래서 즐거움을 사람을 충만하게 하는 것이라기보다는 위험에 처하게 하는 것으로 보았다.

교부들은 즐거움을 찾는 것을 죄로 타락한 사람들의 특징으로 여겼다. 교부들에게 즐거움은 곧 세속적인 즐거움을 찾는 것이었고 탐욕과 동일한 것이었다. 사람들은 육체적 즐거움을 칠죄종 가운데 하나로 보았다. 교부들은 이에 대비되는 것으로 구원된 사람의 기쁨을 들었다.

그러나 구원된 사람의 기쁨을 순수하게 정신적인 것으로 보고 정신적인 것만을 가치 있는 것으로 여겼기 때문에 삶의 즐거움에 대해서는 별로 고려하지 않았다. 그래서 이 영역이 지닌 가치에 대한 생각도 사라지고 말았다. 아우구스티노는 즐거움을 세속적인 욕망으로 간주했다.

중세의 명철한 신학자인 토마스 아퀴나스는 이와 달리 즐거움을 긍정적인 것으로 보았다. 그에게는 영적 즐거움뿐만이 아니라 감각적인 즐거움도 윤리적 가치를 지닌 것이었

내면의 멜로디

다. 그리고 윤리적 가치는 그 즐거움이 지향하는 목적에 따라 결정된다.

최상의 즐거움

토마스 아퀴나스는 성적 즐거움을 '인간의 내면에 깊이 자리 잡은 신적 본성, 즉 삼위일체적 본질'의 자취로 보았다. 즐거움은 풍성함이고 충만함이며 하느님의 모상이다. 하느님은 당신의 삼위일체적 본질 안에서 최상의 즐거움을 누리신다. 교회는 토마스 아퀴나스의 신학을 모든 신학적 사유의 척도로 삼았음에도 불구하고 그가 말한 즐거움에 관한 이러한 신학을 한번도 제대로 펼친 적이 없다. 토마스에게 있어서 즐거움은 인간 존재 자체를 온전히 만족시키는 것이다. 성적 즐거움에서 몸은 말로 다할 수 없는 행복을 체험한다. 뿐만 아니라 그 순간에 영혼의 동경과 원의들도 채워진다. 성적 즐거움을 통해 그 사람 안에서 인간을 초월하는 어떤 세계가 열린다. 그래서 그는 내적인 깊은 감사를 체험한다. 하느님은 인간이 당신의 좋은 선물에 기뻐하도록 인간에게 즐거움을 선사하셨다. 하느님은 모든 것을 잘 만드셨다.

내면의 멜로디

천상적인 요소들

요한 크리소스토모는 하느님께서 하늘나라에 속한 몇 가지 요소들을 인간에게 내려 보내주셨는데, 그것은 다름이 아니라 밤하늘의 별, 들판의 꽃, 그리고 어린아이의 눈빛이라고 했다. 토마스 아퀴나스는 요한 크리소스토모가 미처 생각하지 못한 두 가지를 보충했다. 그것은 바로 치즈와 포도주이다.

요한 크리소스토모는 동방교회의 뛰어난 설교자였다. 그가 '황금의 입'이라는 애칭을 받은 것은 결코 우연이 아니었다. 그는 사람들에게 그저 입이 움직이는 대로 나불거리며 말한 것이 아니라, 예수님의 복음을 사람들의 가슴에 감동을 불러일으키면서 전파했다. 그가 강한 어조로 부자들의 이기심을 질책했기 때문에 그의 강론을 들은 부자들은 반감을 품고 그를 유배형으로 몰아붙였다. 크리소스토모는 결코 극단적인 도덕주의자가 아니었다. 그는 삶이 지닌 아름다운 면과 이 세상 안에 존재하는 천상적인 요소들이 주는 행복을 알아보는 눈을 지니고 있었다. 그가 본 천상적인 요소들은 마음을 고양시키는 밤하늘의 별과 기쁨을 주는 들판의 수많은 꽃, 그리고 행복이 무엇인지 알려주는 어린아이들의 눈빛이었다. 영양을 충분히 섭취하여 몸이 제법 뚱뚱했던 토마스 아퀴나스는 틀림없이 좋은 음식과 맛있는 포도주를 결코 싫어하지 않았을 것이다. 그는 요한 크리소스토모가 언급한 천상적인 요소들에 먹고 마시는 치즈와 포도주라는 두 가지 세속적인 요소들을 보탰다. 맛있는 치즈로 유명한 스위스 테신^{Tessin}에서 만든 치즈를 고향의 포도주와 함께 음미하면서 먹어본 사람은 토마스 아퀴나스의 말에 어렵지 않게 동의할 것이다. 이때 느끼는 맛은 우리를 다른 세계로 안내하는 천상적인 요소임에 틀림없다. 이 순간, 우리는 영원을 체험할 수 있다.

내면의 멜로디

즐거움의 대상

기쁨이 즐거움과 관련이 있는 것은 틀림없으나 즐거움과는 조금 다르다. 기쁨은 순수하게 정신적인 것이다. 즐거움은 본질적으로 세속적인 요소를 지니고 있다. 즐거움은 욕망을 충족시키려 하고, 몸으로 표현한다. 즐거움은 한 사람 전체를 사로잡아 움직인다. 그래서 우리는 즐거움을 온전히 세속적인 것과 연계시켜 정신적인 영역으로부터 내몰았다. 즐거움은 우리에게 의심스럽고 곤란한 존재인 것이다. 그러나 신학자들 중에서 즐거움에 대해 이와 다른 견해를 지닌 사람도 있다. 바이에른의 오버팔츠Oberpfalz 출신 신학자 요한 밥티스트 메츠Johann Baptist Metz가 그렇다. 한 국제 신학 잡지의 공동발행인이기도 한 그는 이 잡지에 글을 쓰는 여러 나라 필자를 뮌헨으로 초빙한 적이 있었는데, 만찬 석상에서 그들로부터 바이에른 사람들이 지닌 특별한 개성에 대한 질문을 받았다. 그리고 다음과 같은 대답을 했다.

바이에른 사람들은 종교에 대한

자연적이고 본성적인 기쁨을 지니고 있고
맥주에 대한 신비적인 기쁨을 지니고 있습니다.

  나중에 그는 바이에른에서도 좋은 포도주가 많이 생산되기로 유명한 프랑켄Franken에서(이 지역 사람들에게도 그의 말은 유효하다) '하느님께 대한 세속적인 기쁨과 포도주에 대한 신비적인 기쁨'이란 주제와 관련해서 깊은 생각을 펼쳤다. 하느님께 대한 기쁨에 좋은 음식이 주는 훌륭한 맛과 피조물의 아름다움, 몸과 함께하는 즐거움 등의 세속적인 맛이 가미되는 것은 우리의 영성에 좋은 영향을 준다. 이 땅의 열매인 포도주를 마시면서 느끼는 기쁨은 본질적으로 신비로 가득 찬 것이어야 한다. 나는 좋은 포도주를 마실 때 이따금 하느님 안으로 깊이 빠져드는 환희를 체험하기도 한다. 그러한 때 나는 경이로운 맛을 느낀다. 요한 밥티스트 메츠도 포도주의 맛을 통해 당신의 사랑으로 우리의 삶을 경이롭게 하시고 취하게 하시는 하느님을 느낄 수 있었을 것이다. 물론 이것이 바이에른과 그 지방 사람들에게만 해당되는 것은 아니다.

긍정적인 에너지

내면의 멜로디

억제는 병들게 한다

독일 철학에서 즐거움은 결코 환영받는 주제가 아니다. 임마누엘 칸트는 즐거움을 윤리적 의무를 지키는 데 방해되는 존재로 여겼다.

인간적인 즐거움은 지그문트 프로이트 Sigmund Freud와 같은 정신분석학자들에 의해 비로소 비교적 소상하게 고찰할 만한 가치가 있는 주제로 자리를 잡았다. 프로이트는 즐거움을 추구하고 즐겁지 않은 일을 피하고자 하는 것을 어린 시절부터 인간의 내면 중심에 깊이 자리 잡은 기본 욕구로 보았다. 프로이트 역시 즐거움이 오래 지속되지는 않음을 알고 있었다. 어른이 되려면 현실을 똑바로 보고 적응해야 하며 그것은 종종 즐거움은 전혀 없고 고통스럽기조차 하다.

오늘날의 심리학자들이 보는 즐거움은 인간이 외부세계에 반응하는 중요한 능력 중 하나이다. 어떤 사람이 일에 대해 즐거움을 느끼면 그는 그 일을 잘하게 된다. 산책을 즐겨 하는 사람은 산책할 수 있을 때 벌써 마음이 상기되고 심장 박동이 고조된다. 즐거운 마음으로 대화에 나서는 사람은 성공적인 대화를 하게 된다. 성적 일치에 즐거움을 느끼는 사람은 사랑으로 성적 일치를 이루고 싶어한다. 심리학자들은 즐거움이 건강에 유익하다고 말한다. 이 말은 또한 반대의 의미도 지닌다. 즉, 즐거움을 억제하기만 하는 사람은 병이 들고 만다.

내면의 멜로디

마음이 원하는 것

주님 안에서 즐거워하여라.
그분께서 네 마음이 청하는 바를 주시리라.
-시편 37, 4

     독일의 가톨릭과 개신교에서 공동 번역한 성경에서는 이 대목의 '즐거움'이란 낱말을 '기쁨'으로 번역했다. 베네딕토 수도회 소속의 여러 성경주석가들이 공동으로 작업하여 번역한 베네딕토 수도회의 성무일도에서는 라틴어 텍스트 delectare와 일치하는 '즐거움'이란 낱말을 선택했다.

 나는 지성적으로나 느낌으로만 하느님께 대해 기뻐하는 것은 아니다. 그보다 훨씬 더 나아가 온몸으로, 나의 온 존재로 하느님께 대해 즐거워한다. 예로니모 성인은 불가타 번역서에서 이와 똑같은 견해를 가졌다. 그는 'laetare 기뻐하다'가 아닌 'delectare 즐거워하다'를 선택했다. 라틴어 'delectare'는 본래 "매혹되다, 흥겨워하다, 즐거워하다"라는 의미를 지닌다. 이것은 온몸이 전율하는 기쁨을 뜻한다.

이 기쁨은 온몸을 뒤흔들어 놓는 것이다. 시편 작가는 순수하게 정신적이기만 한 기쁨을 알지 못한다. 그의 기쁨에는 몸의 오감이 모두 동원된다. 그는 하느님께 대해 기뻐할 때도 성적 즐거움을 느끼는 데 동원되는 몸의 지체와 기관들과, 동일한 지체와 기관들을 통해 기뻐하는 것이다.

  이 체험은 오직 시편 작가만이 하는 것일까? 오늘날 우리에게는 어떤 의미를 지닐까? 하느님께 대해 이러한 즐거움을 쉽게 가질 수 있다고 여기지는 않는다. 그러나 하느님께서 나에게 주신 것을 나의 모든 감각으로 즐길 때, 나는 비로소 하느님께 대해 즐거움을 갖는 것이 무엇을 의미하는지 짐작할 수 있고, 그분의 사랑이 나를 채울 때 나의 온몸이 어떻게 전율하는지 느낄 수 있다.

내면의 멜로디

충만에 대한 즐거움

나에게 즐거움을 누린다는 의미는 온몸으로 삶의 충만함을 기뻐하는 것이다. 이는 또한 성경에서 언급하는 체험이기도 하다. 시편 37장 11절에 다음과 같은 말씀이 있다.

가난한 이들은 땅을 차지하고
큰 평화로 즐거움을 누리리라.

시편 37장에서 작가는 가난한 사람들을 고통스럽게 하는 위선자들에 대해 말하고 있다. 그는 위선자들에게 굴복하기보다는 용기를 내어 하느님께 충실하면서 인내심을 지니고 고요히 살아가라고 말한다. 하느님께서는 악한 사람들의 모든 압박을 거슬러 가난한 사람들이 땅을 차지하고 태평세월을 누리도록 축복하신다. 평화Schalom는 전쟁이나 싸움이 없는 상태만을 의미하지 않고 고요, 축복, 삶의 충만 등 인간이 동경하는 모든 것을 의미한다.

39

"삶은 멋진 것이다!"

나는 언제나 불평거리를 잔뜩 안고 사는 사람들을 알고 있다. 이들에게 날씨가 어떠냐고 물으면 언제나 너무 덥다거나 너무 춥다고 한다. 아니면 너무 가물었다거나 비가 너무 많이 온다며 불평을 해댄다. 이런 부류의 사람들은 어떤 것으로도 좀체 만족하지 않는다. 이들에게 일이나 가족에 대해 물으면 불평은 끝없이 계속된다. 이들은 도무지 만족할 줄을 모른다. 이런 사람들에게는 의식적으로 라이너 마리아 릴케가 한 다음과 같은 말로 대해야 한다.

삶은 멋진 것이라는 사실을 결코 잊지 마십시오.

릴케는 이 말을 생애 후반 그가 중병에 걸려 누워 있을 때 어느 편지에서 썼다. 그는 성공이나 사랑, 건강이나 젊은 날의 힘과 같은 삶의 특정한 현상들을 지칭해 이 말을 한 것이 아니다.

최고의 정점과 심연, 밝은 면과 어두운 면, 상승과 하강, 고통과 기쁨 모두를 포함한 삶 그 자체가 멋지다는 뜻이다.

긍정적인 에너지

내면의 멜로디

삶을 있는 그대로 바라보면 언제나 설렌다. 그리고 살짝 뒤로 물러서서 보면 삶의 신비는 언제나 경이롭다.

삶을 선택하라

세상일에 불평만 가득한 사람에게 삶의 긍정적인 면을 알려주려고 시도하는 일은 별 의미가 없다. 그런 사람에게 감사하는 삶을 알려주려고 얼마나 자주 골머리를 앓았던가. 그러나 어떤 말을 해도 그는 언제나 또 다른 이유를 찾아내 사실은 그렇지 않다며 불평을 해댔다. 그래서 나는 불평하는 사람에게 긍정적인 면을 알려주려는 노력을 더 이상 하지 않게 되었다. 오늘 나는 그에게 다른 방식으로 질문을 던져본다. '당신이 불평을 하는 근본적인 이유는 무엇인가? 당신이 모든 것을 부정적으로 보면서 얻는 것은 무엇인가? 무엇이 당신에게 모든 것을 부정적으로 보도록 강요하는가?' 이러한 질문 대신, 단순히 '당신이 그렇게 보기 때문이다'라고 말해보기도 한다. 같은 사실을 다르게 볼 수도 있다. '당신이 그런 시각으로 바라보면서 말하고자 하는 것은 무엇인가?' 사람은 원하는 대로 자신의 삶을 바라볼 수 있다. 그런 태도도 물론 인정한다. 그러나 나라면 삶을 부정하고 밀어내기보다는 삶을 선택하겠다.

내면의 멜로디

결코 포기할 수 없는 것

탐욕은 포기해야 하지만
기쁨은 결코 포기할 수 없는 것이다.

이것은 하즈라트 이나야트 칸 Hazrat Inayat Khan 선생의 말이다. 이해하기 어렵지 않은 분명한 지침이며 동시에 모든 영적 전통이 주장하는 말이기도 하다. 어떤 사람들은 그리스도교의 아스케제(Askese, 자기수련)가 삶에 적대적이며 육체를 인정하지 않고 슬픔에 젖어 있으며 잔혹하다고 말한다. 아스케제를 통해 추구하는 본질은 내적 자유이다. 이를 얻기 위해 몸과 마음을 수련하는 것이다. 그리스도인들이 아스케제를 처음 개발한 것은 아니다. 아스케제는 그리스의 스포츠 세계에서 유래한 단어이다. 운동선수는 좀 더 나은 목표에 도달할 수 있도록 자신을 단련한다. 이 단어는 스포츠 세계에서 철학으로 넘어왔다. 철학자들은 내면의 자유를 얻기 위해 자신을 단련했다. 이들에게 아스케제는 인간의 품위에 어울리는 정의, 용기, 조화, 현명함과 같은 덕목들이 몸에 배도록 하는 일종의 수련이었다. 아스케제는 철학자들이 외부의 영향이나 내면의 욕망들에 좌우되지 않고 자신의 삶을 스스로 살아가기 위한 방법 중 하나였다.

내면의 멜로디

상기시키는 것

        스토아 철학자들은 탐욕이 인간의 자유와 품위를 흐려놓는다고 보았다. 자신의 욕망에 이리저리 끌려 다니는 사람은 더 이상 자신을 통제할 수 없다. 그는 투명한 정신력과 마음의 안정을 잃는다. 그러므로 아스케제는 삶에 적대적인 것이 아니라 오히려 삶을 위한 것이다. 이는 우리를 참된 기쁨으로 인도하고자 한다.

  아스케제를 다른 말로 하면 '규율^{Disziplin}'이다. 이 단어는 라틴어 'discapere'에서 유래하며 "손에 쥐다, 직접 조절하다"라는 뜻이다. 빙겐의 힐데가르트에게는 삶에서 규율의 본질이 언제나 기뻐할 수 있도록 사는 것을 의미했다. 맛있는 케이크를 절제할 줄 모르고 마구 먹어대는 사람은 그 맛에서 기쁨을 얻지 못한다. 그 사람은 그렇게 먹고 난 뒤 절제하지 못하고 너무 많이 먹은 자신에 대해 짜증을 내게 된다. 반면 맛을 천천히 음미하면서 한 조각을 먹는 것으로 절제한 사람은 먹을 때도 그리고 먹고 난 뒤에도 오랫동안 기뻐할 수 있다. 그는 그 기쁨의 맛을 입에도 마음에도 간직한다.

영적 기쁨뿐 아니라

자신에게 약간의 즐거움도 허용하지 않는 사람은 삶이 고달프다. 그런 사람은 결국 살맛을 잃으며 자기 자신을 해치고 만다.

삶에 즐거움이 없으면 우리의 영적 삶도 힘과 윤기를 잃는다. 즐거움은 인간에게 근본적으로 중요한 삶의 원동력이다.

우리의 영적 삶에도 이 원동력이 필요하다. 영성은 흔히 고통과 동일한 것으로 취급되었다. 영성은 행복을 지향하며 우리의 동경과 긍정적인 체험을 포함한다. 영성을 단순히 편안해지려는 태도나 긴장을 이완시키는 방법으로만 생각하고 느슨하게 풀어버린다면 그것은 곤란하다. 우리는 올바른 영적 삶을 영위하면 기쁨으로 가득 차게 된다는 사실을 잘 인지해야 한다.

루카 복음에서 사람들은 예수님의 말씀과 행적에 언제나 기뻐하는 반응을 보였다. 그것은 단순한 영적 기쁨만이 아니다. 그 기쁨은 그들이 보고 체험한 것에 대한 즐거움이다.

삶의 강 속으로 들어가자
- 모든 감각과 함께 온전히 현존하여

내면의 멜로디

온전한 현존

나는 종종 생각한다.
그리고 나는 종종 존재한다.

이 말로 폴 발레리Paul Valery는 깨달음을 얻은 많은 사람들의 체험을 정리하여 우리 모두에게 해당되는 경이로운 통찰을 제시했다. 우리는 인식능력을 지니고 있고 이것을 잘 활용해야 한다. 인식능력은 우리의 삶을 이끌어가는 데 큰 도움이 된다. 그러나 때로는 우리가 동경하는 삶을 살아가는 데 걸림돌이 되기도 한다. 나는 나의 삶을 고찰하는 동안 삶에서 약간 벗어나 거리를 유지한다. 삶에 대해 생각하지만 삶으로부터는 떠나 있는 것이다. 나는 삶이 무엇인가에 대해 고찰하지만 삶을 살고 있지는 않다. 나는 삶을 직접 느끼지 못한다. 폴 발레리는 다른 종류의 체험에 대해서도 알고 있는데, 그것은 바로 그가 그냥 존재하고 있다는 사실이다. 그는 삶이 무엇인가에 대해 생각하기를 멈추고 삶을 있는 그대로 감지한다. 내가 나의 모습 그대로 이곳에 온전히 현존하면 비로소 나는 참으로 살아간다. 그러면 내가 지금 즐거움을 느끼고 있는지 그렇지 않은지에 대해 고찰할 필요가 없어진다. 나는 단지 나로서 온전히 현존한다. 이것으로 충분하다.

하느님은 구약성경에서 "나는 나다"라고 당신을 알려주셨다. 그리스 사람들은 이 말씀을 그들의 철학 속에 "나는 현존재자다. 나는 순수한 존재다"라고 번역했다. 요한 복음에서 예수님은 언제나 "나는 나다"라는 말씀으로 당신을 알려주셨다. 그분은 바로 이곳에, 그분으로 계신다.

묵상을 하는 중에, 일상생활 한가운데 우리는 자주 "나는 지금 이대로 나다"라는 느낌을 강하게 받는다. 이것에 대해 더 이상 어떤 고찰을 할 수가 없다. 존재한다는 것이 무엇인가에 대해 생각하는 것은 결코 끝이 없다. 나는 온전한 현존 자체인 것이다.

내면의 멜로디

흐르는 강물처럼

헨리 밀러 Henry Miller는 저서 「사다리 아래에서의 미소」에서 피에로를 삶에 존재하는 기쁨의 화신으로 서술했다. 그는 피에로에 대해 다음과 같이 말한다.

> 피에로는 사람들에게 결코 멈추지 않는,
> 언제나 새롭게 샘솟는 기쁨의 선물을 주고자 한다.

이것은 피에로가 스스로 선택한 매우 훌륭한 과제이다. 그는 사람들에게 언제나 새로운 기쁨을 주고자 한다. 피에로에게 기쁨은 끊임없이 흐르는 강물과 같다. 강물이 흐르기를 멈추지 않듯이 기쁨도 우리 안에서 지속적으로 흐르고자 한다. 헨리 밀러에 의하면 피에로가 전하고자 하는 메시지는 '우리는 한없는 기쁨이 한없이 흐르는 강물에 동참해야 한다'는 것이다. 내가 내 안에 기쁨이 흐르도록 하면 나는 그것을 소유하거나 멈춰 세울 수 없다. 나는 그것이 흐르도록 두어야 한다.

음악이 흐르는 것과 같이 한없이 흐르도록
두어야 한다. 이것이 바로 포기와 더불어 얻는
요소이다. 피에로는 이것을 잘 보여주는 표상이다.

나는 기쁨을 멈춰 세울 수 없다. 만약 그렇게 한다면 그것은 기쁨의 본성을 거스르는 것이다. 기쁨이 흘러야만 하는 존재라면 기쁨의 강이 흐르도록 두는 사람만이 그것을 체험할 수 있다. 기쁨을 자기 소유로 삼거나 멈춰 세우려는 것을 포기하는 사람만이 그것을 즐길 수 있다. 기쁨에 해당하는 말은 즐거움에도 해당된다. 즐거움도 멈춰 세울 수 없는 것이다. 오직 그것에 자신을 내맡길 수 있을 뿐이다. 자기 자신을 내주어 삶에 맡기는 일은 최종적으로는 영적인 요청이다. 소유하고 붙들려는 자아로부터 언제나 거리를 유지하는 사람만이 즐거움을 느낄 수 있다. 자기를 부정하는 것은 참된 즐거움을 위한 전제조건이다. 자기를 부정한다는 것은 다름이 아니라 모든 것을 소유하고 소비하려는 자아로부터 거리를 유지하는 것이다. 이는 참된 삶에 자신을 내맡기기 위한 전제조건이다.

삶의 강 속으로 들어가자

내면의 멜로디

자신의 두뇌를 잠시 잊자

우리는 너무 많은 생각을 한다. 사물을 느껴야 할 때조차 그것에 대해 생각을 한다. 나는 생각하는 것을 통해 거리를 유지한다. 사물뿐 아니라 사람에게도 거리를 유지한다. 나는 어떤 사람에게 다가가기보다 그에 대한 이론을 나의 머릿속에 만든다. 나의 머리는 언제나 불안정하다. 머리는 지속적으로 어떤 것에 대해 생각한다.

물론 이성은 매우 값지고 소중한 것이다. 이성을 활용하지 않았다면 우리는 오늘의 우리가 되지 못했을 것이다. 이성 없이는 나의 삶을 지금까지와 같이 조절해오지 못했을 것이다. 그러나 이성은 지나칠 정도로 자주 걸림돌이 되어 내가 현재 이 순간을 즐기는 것을 방해한다. 이성은 현재 이 순간에 머물 수 없기 때문이다. 나의 감각은 이와 다르다. 감각은 나를 현재 이 순간에 존재할 수 있도록 인도한다. 감각 속에서는 내가 언제나 온전히 현존한다. 그 속에서 나는 느끼고, 보고, 듣고, 냄새를 맡고, 맛보고, 어떤 것을 만진다. 바로 현재 이곳에서. 시인 오토 율리우스 비어바움(Otto

Julius Bierbaum, 1865-1910)은 두뇌의 지배에서 완전히 벗어나 감각에 온전히 자신을 내맡김으로써 삶에 푹 빠져들도록 우리를 초대한다. 이것은 삶의 즐거움을 체험할 수 있는 좋은 방법이다.

> 너의 머리를 잠시 잊어버리고 아무 생각 없이
> 꽃들로 가득 찬 사랑하는 삶에로 나아가라.
> 너의 욕망을 잊고
> 네가 추구하는 것도 잊어버리고
> 축복받은 순수함 안에서
> 두뇌를 통해 너를 지배하는 모든 압박들로부터
> 자유롭게 되어라!
> 물론 두뇌는 너를 높은 곳으로 인도하고
> 많은 것을 알도록 했지만,
> 삶의 가장 깊은 부분은 그것으로 알 수 있는 것이 아니라
> 오직 느낄 수 있을 뿐이다.
> 연약하고 부드러운 뿌리를 지닌 꽃들은
> 강한 생명력으로 자라면서
> 봄의 찬 기운을 머금은 땅을
> 너보다 더 깊이 느낀다.
> 너 역시 이 땅의 한 아이다.

삶의 강 속으로 들어가자

내면의 멜로디

너의 감각에 땅이 낯설지 않도록
오늘 당장 너의 모든 감각을 땅에 기울여라!

- 오토 율리우스 비어바움

삶 자체가 해결책

오늘날 삶을 어떻게 살아야 하는가에 대해 조언을 주려는 책들이 쏟아져 나오고 있다. 이들은 우리가 삶을 좀 더 잘 극복해나가는 데 필요한 도움을 줄 수 있다고 말한다. 이러한 책들 가운데 적지 않은 수가 삶을 문제로 가득 찬 것으로 보고 이 문제들을 풀어나가야 한다고 주장한다. 이들은 수많은 조건을 통해 어떻게 하면 삶을 의미 있게 살아갈 수 있는가에 대한 방법들을 알려준다. 이러한 책에서 우리는 때로 삶을 마치 극복하고 제압해야만 하는 원수로 취급하는 듯한 인상을 받기도 한다. 남프랑스의 유명한 시인 마르셀 파뇰Marcel Pagnol은 삶을 대하는 태도에 대해 이와는 전혀 다른 길을 제시한다.

낙관적인 사람에게 삶은 전혀 문젯거리가 아니다.
삶 자체가 이미 해결책이다.

이 말 뒤에는 남부지방 사람 특유의 삶에 대한 낙관적인 기쁨뿐 아니라 깊은 삶의 지혜가 들어 있다. 이 말 속에는

내면의 멜로디

삶을 장악하려는 것이 아니라 삶에 공간을 제공하려는 의미가 있다. 삶은 우리가 해결해야만 하는 문제 덩어리가 아닌 것이다. 삶이 흘러가면 그것이 이미 해결책이다. 삶은 흘러오고 흘러가는 것과 관계하고 있다. 우리의 과제는 오직 흐르는 삶을 막으려 하지 않고 자유롭게 흘러가도록 두는 것이다. 우리 안에 이미 존재하는 삶을 느끼는 것이 우리의 과제이다. 삶과 접촉하고 있는 사람, 생생하게 살아가고 있는 사람, 참으로 살아가는 사람에게는 삶이 결코 문제가 아니다. 그 자체가 이미 훌륭한 해결책이다.

57
존재 전체를 받아들여

건강하기 위해서는 세상 전체를 받아들여야 한다.

의학사가인 하인리히 쉬퍼게스Heinrich Schipperges는 빙겐의 힐데가르트의 치유법을 이 한마디로 종합했다. 건강은 몸에 좋은 식사나 삶의 방식으로만 성취할 수 있는 것이 아니다. 내면 깊이 건강하기를 원하는 사람은 세상 자체를 존재하는 그대로 인정하고 받아들여야만 한다. 그렇게 할 때 비로소 그는 자기 자신도 받아들여 자신과 일치할 수 있다. 이것이 바로 건강의 전제조건이다.

질병도 세상에 속하는 것이다.

세상을 온전히 있는 그대로 인정한다는 것은 내가 병들 수 있다는 사실에 '그래, 그럴 수 있어'라고 받아들이는 것도 포함된다. 내가 나의 질병도 받아들이면 그 질병은 파괴적인 힘을 잃고 만다. 질병은 나의 육체를 죽음으로 내몰 수 있다. 그러나 나의 영혼 안에 있는 나를 파괴할 수는 없다.

세상에 존재하는 모든 긍정적인 요소와 부정적인 요소의

내면의 멜로디

공존을 인정하면 치유가 불가능한 질병에 걸려 있을지라도 나는 구원의 상태에 머물게 된다.

59
지빠귀의 찬양

청각에 대해 많은 글을 남긴 요아힘 에른스트 베렌트Joachim Ernst Berendt는 '이른 봄날 아침에 새싹이 돋는 어느 나무 꼭대기 가지 위에서 찬양하듯이 활기차게 노래를 부르는 지빠귀(Amsel, 유럽 도시의 공원이나 숲에 살며 사람들과 친숙한 새. 우리나라 숲에도 개체수가 많아졌다)'에 대해 말했다. 목사의 아들이자 독일에서 오랫동안 재즈 비평가로 알려진 베렌트가 감각에 대해 쓴 글들은 언제나 나를 사로잡는다. 그는 특히 청각에 많은 관심을 기울였다. 청각은 우리를 삶으로 인도한다. 맑고 밝은 음악을 들으면 내부에서 기쁨이 깨어나고 때로는 듣는 것을 통해 끊임없는 즐거움을 체험한다. 귀를 기울여 듣는 가운데, 소리로 들을 수 없는 것도 듣게 된다. 청각은 매우 감성적인 감각이다. 듣는 일에 온전히 몰입한 사람은 나뭇잎이 피어나는 소리도 들을 수 있다. 지빠귀의 찬양은 우리를 찬양으로 이끈다. 중세의 신비주의자에게 찬양은 최상의 하느님 체험이었다. 기뻐 뛰놀고 찬양하면서 그는 하느님에 의해 온전히 자신에서 벗어나 신적 환희로 넘어간다. 그 순간 그는 소리로 들을 수 없는 것을

내면의 멜로디

듣게 되고, 그 스스로 노래를 부르게 된다.

아우구스티노에게도 찬양은, 특정한 말을 하지 않고도 모든 언어 저편에 계시는 하느님을 노래하는 기술이었다.

> 이러한 찬양이 말로 다할 수 없는 하느님께
> 어울리는 것이 아니라면 도대체 누구에게
> 어울리는 것이겠습니까?
> 말로 표현할 수 없는 것이라면
> 그것은 참으로 언어로 표현될 수
> 없는 어떤 것입니다. 당신이 그것을 말로는
> 도저히 표현할 수 없는데 침묵할 수도 없다면
> 남은 것은 찬양밖에 없습니다.
> 이것으로 비로소 말로는 다할 수 없는 마음의
> 기쁨을 제한 받지 않고 표현할 수 있습니다.

지빠귀의 찬양 속에서 우리 존재의 말이 다할 수 없는 신비가 적절한 방법으로 표현된다. 인간의 말로 다할 수 없는 것에 대한 감탄과 찬양이 울려 퍼진다.

새가 노래하는 이유

중국 속담에 이런 말이 있다.

새가 노래하는 이유는
어떤 질문에 대답을 해야 하기 때문이 아니라,
내면에 부를 노래를 지니고 있어서이다.

이 말 속에는 멋지고 훌륭한 지혜가 표현되어 있다. 새는 밖으로 분출해야만 하는 노래를 내면에 지니고 있어서 노래한다는 말이다. 누구에게 대답하기 위해서가 결코 아니다. 그가 살고 있는 시대의 큰 문제들에 대한 답을 알고 있어서도 아니다. 단지 노래하는 것이 즐거워서 노래할 뿐이다.

시인들 중에는 인간의 영혼이 지닌 심각한 질문들에 답하기 위해 시를 쓰는 사람들이 있다. 그러나 한편으로 언어에 대한 순수한 즐거움에 취해 시를 쓰는 사람도 있다. 이들은 언어로 놀이를 한다. 이들은 내면에서 울려 나오는 노래를 표현할 뿐, 어떤 사람들의 질문에 올바른 대답을 하고 있는지 아닌지를 고심하지 않는다. '대답Antwort'은 본질적으로 누

내면의 멜로디

군가와 얼굴을 마주하고 그 사람을 상대로 말하는 것을 의미한다. 대답은 그 사람의 말에 반응하는 것이다. 대답을 하는 동안 우리는 언제나 그 사람을 지향하면서 그에게 어떤 사실을 말한다. 그리고 그 사람에게 어떤 것을 말하려 할 때 우리는 그에게 옳은 것을, 그가 받아들일 어떤 것을 말해야 한다는 압박감을 느낀다.

그러나 노래하는 새는 그러한 압박으로부터 완전히 자유롭다. 노래하는 새는 노래를 듣는 어떤 누구도 의식하지 않으며 노래를 잘하려고 애쓰지도 않는다. 단지 밖으로 분출되려는 노래를 내부에 지니고 있어서 노래할 뿐이다. 새에게 노래는 내적 기쁨의 표현이다. 이렇듯 새의 노래는 아무런 목적을 지니고 있지 않기 때문에 우리를 기쁘게 한다. 아무런 의도가 없는 노래는 내면의 자유와 삶의 즐거움을 반영한다. 우리가 어떤 현상 뒤에 많은 의도가 숨어 있다는 사실을 감지하게 되면 그 현상은 우리를 불편하게 한다. 다음과 같은 속담이 있다.

어떤 행위 뒤에 의도가
숨어 있음을 감지하게 되면
불쾌해진다.

새는 아무런 의도 없이 그저 노래를 지니고 있어서 노래한다. 순수한 삶의 즐거움으로….

내면의 멜로디

희망의 색, 생명의 색

내 마음속에 초록색 가지 하나를 간직하면
그 위에 노래하는 새가 날아와 앉는다.

이 중국 속담이 의미하는 것은 다음과 같다. 우리는 행복을 인위적으로 만들 수 없다는 뜻이다. 그러나 우리가 기뻐하느냐, 불편한 감정 속에 있느냐 하는 것은 우리에게 달린 문제이다. 이 속담이 우리에게 조언하듯이, 우리는 마음을 스스로 초록색 가지로 장식할 수 있기 때문이다. 초록색은 희망의 색이고 새로운 생명의 색이다. 희망은 중요한 덕목 중 하나이다. 우리는 노력하여 희망을 가질 수 있다. 희망을 가지려면 노력해야 한다. 희망한다는 것은 여러 가지 불편한 현실에도 불구하고 보다 나은 미래를 기다리는 것이고, 자기 자신을 포기하지 않고 하느님께서 모든 것을 변화시켜 주실 것을 신뢰한다는 의미이다. 이 중국 속담에는 우리 마음속에 지닌 초록색 가지 위에 노래하는 새가 날아와 앉을 것이라는 희망이 분명하게 담겨 있다. 만약 우리가 자기 자신 안에 희망이 들어올 자리를 열어두기만 하면 우리의 영혼은 기쁨으로 가득 차게 될 것이다.

내면의 멜로디

아무것도 하지 말고
삶이 비처럼 내리도록 두어라

어느 날 여류시인 라헬 바른하겐은
이런 질문을 받았다. "무엇을 하십니까?"
그녀가 대답했다. "아무것도 하지 않아요.
저는 삶이 비처럼 제게 내리도록 둡니다."

전혀 예상치 못한 놀라운 대답이다. 오늘날 우리는 모든 행동 하나하나를 배우려 든다. 어떻게 하면 행복할 수 있는지 배우려 하고 삶의 즐거움을 익히는 방법을 배우고자 한다. 그러나 많은 것을 하려고 할수록 행복과 즐거움은 더 빨리 사라지고 만다. 라헬 바른하겐Rahel Varnhagen의 대답은 이런 맥락과는 사뭇 다르다. 그녀는 삶에서 즐거움을 얻기 위해 아무것도 하지 않았다. 그냥 삶이 비처럼 내리도록 두었을 뿐이다. 내리는 비를 그대로 맞고 서 있어보면 실제로 즐거움을 느낄 수 있다.

일반적으로 우리는 물에 젖으면 불편해지므로 비가 오면 피하거나 우산을 쓴다. 지극히 정상적인 일이다. 젖은 옷을 입고 여기저기 돌아다닐 수는 없기 때문이다. 그런데 무더운 날 옷을 거의 입지 않은 상태에서 비를 맞으며 서 있어보면 아주 편안한 기분으로 비가 어떻게 내 몸을 타고 흘러내리는지 느낄 수 있다. 흐르는 빗물을 통해 나는 흘러가는 삶 자체를 느낀다.

나는 10년 동안 젊은이들과 정기적으로 도보순례여행을 했다. 언젠가 우리는 갑자기 쏟아지는 소나기를 만났다. 소나기가 오기 전까지 날씨는 매우 더웠다. 젊은이들은 소나기를 피하지 않았다. 소나기를 맞으며 계속 걸어가면서 그것을 즐겼고 마침내 춤까지 추었다. 소나기를 피하기보다는 온 감각을 동원해 그것을 즐기는 젊은이들을 사람들이 쳐다보았다.

라헬 바른하겐은 비를 삶의 표상으로 보았다. 그녀는 삶의 물결에 자신을 내맡겼다. 삶은 어디에나 존재한다. 삶은 우리를 둘러싸고 있다. 우리가 할 일은 오직 우리 자신을 여는 일뿐이다. 그러면 우리는 삶이 우리에게 어떻게 다가오는지 느낄 수 있다. 이미 이곳에 있는 삶을 인지하는 것, 그것이 삶에서 얻을 수 있는 즐거움이다.

삶의 강 속으로 들어가자

내면의 멜로디

너, 봄바람아!

우리가 느끼는 즐거움은 우리의 본성 안에 있다. 즐거움은 모든 피조물 안에 명백히 존재한다. 즐거움을 느낄 때 우리는 하느님께서 식물에, 짐승에, 우리 몸에, 우리의 욕망에, 그리고 모든 피조물 안에 넣어주신 에너지와 만나게 된다. 살바토레 토마 Salvatore Toma는 모든 나뭇잎과 꽃봉오리에 들어 있는 즐거움을 짧은 시로 표현했다.

> 봄바람아, 너는
> 나뭇잎의 목소리로 말하는구나.
> 꽃이 그 봉오리를 열어젖혀
> 몸을 부르르 떨고 일어나게 하는구나.

봄날, 우리는 이런 즐거움을 느끼고 그것이 우리 안에 있는 것을, 그리고 우리 주변의 모든 것을 흔들어 깨우는 것을 관찰할 수 있다. 살바토레 토마의 시는 우리가 이 즐거움을 어떻게 체험할 수 있는지 알려준다. 우리는 그저 눈앞의 현상에 놀라기만 하면 된다. 우리는 그저 우리가 보는 것을 관찰하고, 그것을 깊이 느끼기만 하면 된다. 그러면 우리는 즐거움을 볼 수 있고 느낄 수 있으며, 그 즐거움은 피조물에서 우리에게로 넘어와 우리가 봄바람을 지각할 수 있게 한다. 뿐만 아니라, 봄바람에 의해 우리는 마음 깊은 곳에 있는 즐거움으로 이끌려 들어가게 된다. 봄바람은 우리를 어루만져 우리 안에 숨어 있는 꽃봉오리들을 열어젖힌다. 그리고는 힘찬 삶의 기쁨이 솟아오르도록 재촉한다.

내면의 멜로디

결코 없앨 수 없는 여름

한겨울에 나는 마침내 내 안에 결코 없앨 수 없는
여름이 있다는 사실을 배웠다.
-알베르트 카뮈

      겨울의 추위가 우리 몸이 얼어붙을 지경으로 엄습해오면 우리는 여름날의 더위를 그리워한다. 프랑스의 시인이자 철학자인 알베르트 카뮈는 겨울의 한복판에서 자신 안에 있는 여름을 체험했다. 그 어떤 추위도 이 여름을 그의 마음에서 없앨 수 없었다. 인생살이의 부조리를 이미 잘 알고 있었지만 결코 낙담하지 않았던 알베르트 카뮈의 이 체험은 마음이 비록 한겨울이라 할지라도 결코 없앨 수 없는 태양의 열기를 희망할 용기를 우리에게 준다. 내면이 텅 빈 듯한 느낌이 들 때도 그곳에는 꽃이 다시 피어나리라는 확신이 존재한다. 여름은 언제나 우리 안에 존재하고 있다. 그리고 어떤 것도 그것을 없앨 수 없다. 계절의 주기로도 여름은 분명 다시 찾아온다. 여름은 자연의 본성 안에 명백히 들어 있어 어떤 겨울도 여름을 없애지 못한다. 이와 마찬가지로 우리 안에도 여름은 그렇게 강하게 자리 잡고 있다. 어떤 우울함도, 어떤 실망도, 어떤 안개와 추위도 여름을 우리의 영혼에서 몰아낼 수 없다. 우리 모두 겨울에는 여름을 느끼지 못한다. 그러나 여름이 우리 안에 존재하고 그것이 결코 몰아낼 수 없는 것이란 사실을 아는 것만으로도 겨울은 힘을 잃고 만다. 이 사실은 손을 뻗어 우리를 사로잡으려는 모든 추위를 흩어놓는다.

내면의 멜로디

하늘은 이미 여기에 있다

로제 아우슬랜더 Rose Ausländer
가 쓴 다음 시를 읽을 때마다 나는 어린 소녀가 모래장난을 하는 모습이 떠오른다.

…소녀의 눈동자에는 바다가 물결치고
소녀의 머리카락은 한 무리의 제비 떼,
작은 손은 화려하게 피어오르는 복사꽃.
소녀는 삽으로 해를 양동이에 퍼 담아
내 손에 쏟아붓는다.
모래에서 퍼져 나오는 웃음의 메아리….

이 소녀는 헤엄을 치러 바다로 갈 필요가 없다. 바다가 소녀의 눈동자에서 물결치고 있으므로. 소녀의 머리카락 사이로 바람이 분다. 이 모든 것이 매우 자연스럽다. 삶의 즐거움에 흠뻑 취해, 기쁨에 겨워 이리저리 날아다니는 한 무리의 제비처럼. 소녀는 양동이에 모래뿐 아니라 해도 퍼 담는다. 소녀가 자신을 잊고 즐겁게 놀이에 몰두하는 모습을 바라보고 있으면 마치 소녀가 양동이의 해를 내 손에 붓는 것처럼 여겨진다. 소녀가 다시 퍼 담는 모래는 한바탕 웃음과 같다. 나 자신도 용기를 내 모래놀이를 하면 모래알마다 소녀가 남긴 웃음의 메아리를 들을 수 있을 것 같다.

그러면 예수님이 다음과 같이 말씀하신 의미를 이해하게 되리라.

> 너희가 어린이처럼 되지 않으면
> 결코 하늘나라에 들어가지 못한다.

하늘나라는 이미 이곳에 있다. 그러나 이 땅에 고정된 현상과 일상생활에서 일어나는 작은 긴장과 불편함 때문에 하늘나라를 보지 못하고 있는 것이다. 계속해서 이렇게 살아간다면 하늘나라에 들어갈 수 없다. 해를 양동이에 퍼 담고 꽃잎 한 장 한 장에서 사랑을 인식하는 그 나라에 들어갈 수 없다.

내면의 멜로디

땅, 하늘나라의 꽃

우리는 땅을 하늘나라의 꽃 가운데 하나라 부르고,
하늘나라를 삶의 영원한 정원이라고 부른다.

프리드리히 횔덜린Friedrich Hölderlin은 독일 시인 중에서도 가장 아름다운 언어를 구사한 사람이다. 그의 언어가 지닌 멜로디의 매력은 대단히 강렬해서 어느 누구도 매혹되지 않을 수 없다. 물론 이 매력은 결코 피상적인 것이 아니며 거기에는 아름다움과 아픔이 공존한다.

땅은 하늘나라의 아름다움을 지니고 있는 한 송이 꽃이어서 우리에게 하늘나라를 열어준다. 이 말을 마음속에 품으면 그것은 나의 눈을 변화시키며 나는 새로운 눈길로 이 땅을 바라보게 된다. 나는 사람들이 이 땅에 행한 온갖 파괴와 황폐함만 보지는 않는다. 나는 그러한 일들이 있다는 사실을 인정하지만 그 모든 것에도 불구하고 꽃들이 어떻게 굳은 땅을 뚫고 올라오는지, 어떻게 자라는지, 새싹들을 어떻게 틔우는지, 마침내 꽃을 어떻게 피우는지를 본다.

횔덜린에게 하늘나라가 '삶의 영원한 정원'이라는 말은 성경적인 분위기를 지닌다. 성경의 창조이야기는 낙원의 정원에 대해 이야기한다. 여기서 사람은 자기 자신과 일치하고 하느님과 일치하며 모든 피조물과 일치하여 행복하고 만족하게 살았다. 아가서는 사랑의 정원에 대해 노래한다. 여기서 신랑과 신부는 사랑을 즐기기 위해 서로 만난다. 그러나 나에게 성경이 말하는 가장 아름다운 정원은 부활의 정원이다. 여기서 마리아 막달레나는 부활하신 분을 만나고 죽음보다 강한 사랑을 체험한다. 횔덜린이 하늘나라를 삶의 영원한 정원으로 부른 것에서 이미 부활의 정원에 대한 말이 울리고 있다. 부활은 낙원의 정원이 지닌 울타리를 허물고 삶의 영원한 정원을 열어준다. 하느님께서는 우리에게 이 정원을 선사하시어 그 아름다움을 끝없이 기뻐하며 누리게 하신다.

내면의 멜로디

초원에 앉아 눈을 떠보라

행복을 느끼지 못한다면 그것은 건강한 눈
자체가 이미 행복할 수 있는 중요한 요소 중
하나라는 사실을 잊었기 때문이다.
초원으로 나가 앉아 눈을 뜨고
주의 깊게 바라보기만 하면
우리는 색깔과 모습이 어우러진 낙원을
보고 느끼게 될 것이다.

베트남 출신의 불교 승려 틱낫한은 학생들에게 주의 깊게 바라보는 방법을 가르친다. 주의 깊게 바라보며 현재의 순간에 존재하는 것은 그에게 있어 단순히 집중을 위한 훈련만이 아니라 행복으로 나아가는 길이다. 그는 많은 사람들이 행복을 느끼지 못하는 원인은 주의 깊지 못하기 때문이라고 생각한다. 행복하기 위해서는 많은 것이 필요하지 않다. 단지 주의 깊기만 하면 된다. 우리가 보고 느끼는 것에 감사하는 마음이 든다면 건강한 눈 자체가 이미 행복할 수 있는 원천 중 하나이다. 날마다 우리의 눈은 많은 종류의 훌륭하고 멋진 것들을 본다. 눈앞에 전개되는 수많은 기적을 의식적으로 보고 느끼려면 주의 깊게 바라보는 훈련이 필요하다. 장미가 지닌 기적, 산이 지닌 기적, 우리 곁을 비껴 날아가는 무당벌레의 기적, 어떤 사람의 얼굴에서 풍겨 나오는 기적을 보고 느끼려면 훈련이 필요하다. 내가 살고 있는 뮌스터슈바르차흐 수도원에는 수도자들이 고요히 지낼 수 있는 작은 정원이 하나 있다. 그 정원은 멋진 숲 한가운데 있다. 가을이면 색색으로 물든 숲에 햇빛이 비쳐 아름다운 그곳의 모습을 보며 하느님은 정말 훌륭한 화가라는 느낌을 받는다. 하느님은 나무에 온갖 색깔을 뿌리신다. 어떤 화가도 하느님이 만든 색깔보다 더 나은 색깔을 만들 수는 없을 것이다. 우리가 황금빛 10월이라고 말하는 데는 그만한 이유가 있다. 예쁜 단풍이 햇빛에 반짝이는 모습을 보면 그 이유를 쉽게 알 수 있다. 그 모습을 주의 깊게 바라보면서 나는 내면의 기쁨을 체험한다. 그리고 베트남의 시인이자 승려가 의미한 '색깔과 모습이 어우러진 낙원'을 본다.

내면의 멜로디

꽃들을 통하여

너희 꽃들은 즐거움과 환희를 위해 자란다.
그렇다, 자연은 너희를 사랑한다.
-프리드리히 실러

실러Friedrich Schiller는 꽃들도 사람처럼 즐거움을 느낀다고 말하지는 않았다. 그러나 그는 자연이 꽃을 키우는 이유는 즐거움과 환희를 위해서라고 보았다. 결국 꽃을 사랑하고 즐거움과 환희로 그들을 채운 것은 자연이 아니라 자연을 창조한 분이다. 시인은 꽃들 속에서 눈으로 보는 즐거움과 코로 그 향내를 맡는 즐거움을 느낀다. 아름다운 꽃들을 바라보고 만지고 향내를 맡으면서 즐거움을 느끼는 일은 그들을 대하는 사람의 몫이다. 그것을 체험한 사람은 꽃에서 단순히 즐거움을 누리기만 하는 것이 아니라 자신도 꽃들의 즐거움에 참여한다는 것을 안다.

그는 꽃이 지닌 즐거움을 느낀다. 이 즐거움을 열기 위해서는 단 하나의 열쇠가 필요할 뿐이다. 꽃이 지닌 즐거움을 체험하기 위한 열쇠는 바로 오감이다. 단지 오감을 사용하기만 하면 된다.

내면의 멜로디

구름 덮인 하늘의 해

벌들은 하늘이 구름으로 가려져 있어도 해가 어디 있는지 느낌으로 안다. 여류시인 힐데 도민Hilde Domin은 이를 시로 표현했다.

구름 덮인 하늘의 해를
느낌으로 알고
꽃을 향해 길을 찾아가며
결코 방향을 잃지 않는
벌과 같은 사람은
영혼의 들판이 영원한 광채 속에 놓여 있어
그가 아무리 짧은 삶을 살아도
좀처럼 울지 않는다.

빛이 일상의 안개를 뚫고 들어와 반짝이는 모습을 보는 사람, 거룩한 것에 대한 믿음을 포기하지 않는 사람은 비록 우울의 어두운 함정 속에 있을지라도 슬픔과 불만족의 한가운데서 자유를 누릴 수 있으며, 시에서 말하듯 꽃을 찾아 달콤한 꿀을 마음껏 마시고 그 꽃의 아름다움에 흠뻑 취해 기뻐할 수 있다. 내적으로 혼란스럽고 상처를 입어 아플 때, 실망하고 의혹에 가득 차 있을 때도 이 길을 찾아내는 것은 내가 삶을 어떻게 살아가느냐에 달려 있다. 어둡고 안개에 둘러싸여 있어도 꽃은 그곳에 있다. 내게 필요한 것은 벌처럼 이 꽃을 찾아낼 내적·본능적 느낌이다. 내적 혼돈의 한가운데서 아름다움을 느낄 수 있는 요소가 어떤 이에게는 컴퓨터 파일에서 흘러나오는 음악일 수 있고 또 다른 이에게는 그가 즐겨 바라보는 그림일 수 있다. 나에게는 성경의 말씀이 어려운 상황을 극복하는 데 큰 도움이 된다. 힐데 도민의 시에서 언급된 표상은 옳다.

성경의 말씀은 나에게 구름 덮인 하늘 아래 있는 꽃들과 같다. 삶을 이렇게 살아가는 사람은 자기 영혼의 들판이 영원한 광채 속에 놓여 있는 것을 본다. 슬픔과 고통이 아무리 어둡게 둘러싸더라도 그는 자신의 영혼이 지닌 신적 광채를 인지한다. 벌이 언제 어디서나 꽃을 찾아내듯이, 그는 모든 것이 반대 방향으로 흘러가는 듯한 상황에서도 자기 영혼의 광채에 대한 믿음을 잃지 않는다. 비록 두 눈으로 볼 수 없는 상황에서도 우리 안에서 빛나는 광채에 대한 믿음은 시인의 노래를 받아들이게 해준다.

내면의 멜로디

아무리 짧은 삶을 산다 해도
그는 좀처럼 울지 않는다.

정점 체험

감동하는 사람이 있는 곳에 세상의 정점이 있다.

요제프 프라이헤르 폰 아이헨도르프Josef Freiherr von Eichen-dorff의 말이다. 휴가를 맞아 산행을 나서서 힘들여 산꼭대기에 올랐을 때 나는 깊은 감사를 체험한다. 첩첩이 이어지는 능선을 바라보며 감동하고 그 광경에 사로잡힌다. 눈으로 보는 그 모든 것에서 나는 이 세상을 초월한 그 무엇이 나를 사로잡음을 느낀다. 그것은 영이며, 이는 결국 성령이다.

낭만파 시인 요제프 프라이헤르 폰 아이헨도르프는 감동하는 사람이 있는 곳에 세상의 정점이 있음을 포착했다. 감동한 사람은 다른 사람들도 감동시킬 수 있다. 이 감동은 아브라함 매슬로가 극치 체험이라고 표현한 바로 그것이다. 감동을 느낀 사람은 비록 일상의 질곡 가운데 있을지라도 내적으로 정점에 서 있다. 그는 자신의 주변에 영적 활력과 생동감을 주고 삶에 대한 적극적인 자세를 펼쳐 나간다. 그는 나로 하여금 삶의 신비와 아름다움, 그리고 유일무이성

내면의 멜로디

에 대해 눈뜨게 한다. 감동한 사람이 나를 감동시키는 곳에 세상의 정점이 있다. 바로 그곳에서 절정 또는 극치 체험이 일어난다. 그곳에서 하느님의 영광이 나의 영혼 안으로 들어온다.

첫 번째 광채

그리스도교 전통은 때로 우리에게 "memento mori(네가 죽는다는 사실을 생각하라)"라고 말한다. 그 말은 오늘이 바로 마지막 날이 될 수 있다는 것을 상기시킨다. 그러므로 우리는 매순간을 의식적으로, 감사하는 마음으로 맛보며 살아야 한다. 그리스 속담은 이렇게 말한다.

하루를 마치 생애 첫날인 양 시작하고,
생애 마지막 날인 듯 마감하라.

하루를 시작할 때 우리는 그날이 마치 생애 첫날인 것처럼 생각해봐야 한다. 물론 새로 맞이하는 날이 생애 첫날이 아니란 것을 우리는 잘 알고 있다. 그러나 하루를 시작하면서 의식적으로, 마치 오늘이 자신이 의식하는 첫 번째 날인 것처럼, 철이 들어 처음 맞이하는 날인 것처럼 생각한다면 하루를 주의 깊게 시작하는 동시에 강한 호기심을 갖고 그날을 살 것이다. 만나는 사람마다 마치 처음 만난 듯 대하게 될 것이며 선입관은 모두 사라지고 말 것이다. 누군가에

삶의 강 속으로 들어가자

내면의 멜로디

대해 지금까지 생각해온 것은 그다지 중요하지 않다. 사람들에 대한 인상을 정리해 뒀던 서랍들은 더 이상 의미가 없어진다.

세상이 다르게 보일 것이다. 호기심으로 가득 차 일터에 나갈 것이고 마치 그것을 처음 하는 듯 기뻐하며 일할 것이다. 그 일을 완수하지 못하더라도 결코 두려워하지 않을 것이다. 그보다는 오히려 어떻게 하면 그 일을 더 즐겁고 능숙하게 해낼 수 있을지 최선을 다해 궁리할 것이다. 또한 주변의 모든 창조물을 새로운 눈으로 보게 될 것이다. 나의 정원이 마치 완전히 새로운 것인 듯 바라볼 것이며 지금까지 지나친 것들 속에서 많은 아름다운 요소들을 새롭게 발견하게 될 것이다.

하루를 마감하는 시간, 마치 생애 마지막 날인 듯 그날을 돌아봐야 한다. 삶이 끝나는 날로 하루를 마감하면서 오늘과 나 자신, 나를 사랑하거나 내가 사랑하는 모든 사람, 그리고 나의 온 생애 등을 하느님의 선하신 손에 맡겨드리게 된다. 하루를 이렇게 끝맺는 것은 그와 동시에 새로운 시작을 가능하게 한다. 이러한 마감은 매번 모든 것을 떠나 나 자신을 하느님의 자비하신 손에 맡겨야 한다는 사실을 상기시켜 준다. 밤은 나로 하여금 죽음의 잠을 떠올리게 한다. 그리고 매일 아침이면 나는 하느님께서 내게 주신 새로운 삶으로 나아가는 부활을 체험한다.

　이 속담에는 많은 지혜가 담겨 있다. 이 속담은 하루의 시작과 마감을 변화시키고 내 삶의 시작과 마감을 변화시켜 준다.

삶을 춤추자

― 기쁨의 멜로디와 하나 되어

내면의 멜로디

나를 놀라게 하는것…

나는 왔다, 어디서 왔는지는 모른다.
나는 간다, 어디로 가는지는 모른다.
나는 놀란다, 그럼에도 내가 기쁘다는 사실에.

이 특이한 시는 중세로부터 전해오는 것이다. 시인은 자신이 어디서 왔는지 모르고 어디로 가는지도 모르지만 여전히 기쁘다. 그리고 자신이 기쁘다는 사실에 놀란다. 그는 인간이 지닌 가장 근본적인 질문들을 던진다. 내가 어디서 와서 어디로 가는가? 그리고 자신이 이에 대해 알지 못한다는 사실을 인정한다. 그는 최후의 질문에 대한 답을 알지 못한다. 그렇지만 자신이 모른다는 사실을 받아들인다. 이러한 자세로 그는 소크라테스가 말한 '네가 아무것도 알지 못한다는 사실을 알라'는 참된 지혜에 이른다. 그는 아무것도 알지 못하지만 그럼에도 여전히 즐겁고 명랑하다. 그는 이 사실에 놀란다. 자신이 즐겁고 명랑하다는 사실을 설명할 수는 없다. 어떤 이유가 있어서 그런 것이 아니다. 즐거움과 명랑함은 그의 내면에 그저 그렇게 있다. 기쁨을 느끼기 때문에 기뻐한다. 자신이 기쁘다는 사실을 발견한다. 즐거움과 명랑함은 그의 존재의 기본 바탕 중 하나이다. 이를 통해 그는 모르는 것 속에 사람의 본질이 있다는 사실을 인지한다. 그것은 바로 사람은 기쁨의 존재라는 사실이다. 즐거움과 명랑함은 사람에게 본성적으로 주어진 것이다. 결국 이것은 하느님의 선물이다. 그런데 시인은 이 사실을 증명하려 들지 않는다. 자신이 즐겁고 명랑하다는 사실을 감사하게 받아들인다. 그는 이것으로 충분하다.

내면의 멜로디

삶은 춤

내 영혼의 고요에서 울려나오는 소리가
나를 변화시키도록 놓아두기로 했다.
나의 마음은 삶이 춤 출수 있는 멜로디를 찾아야 한다.

미국의 정신과 의사인 셸던 코프Sheldon Kopp의 말이다. 이러한 체험은 아마 우리 모두가 이미 하지 않았나 싶다. 아름다운 음악은 우리 마음을 변화시킬 수 있고 기쁨으로 채울 수 있다. 그러나 여기서 코프는 콘서트홀이나 음반을 통해 들을 수 있는 음악을 지칭하지 않는다. 그는 자신을 고요함 속에 내맡겨 두면 영혼의 고요에서 울려나오는 소리를 듣는다고 말하는 것이다. 콘서트홀에서 들은 적이 있는 소리가 아니라 자기 자신에게서 솟아오르는 소리다. 마음은 내면에서 울려나오는 소리에서 삶이 춤출 멜로디를 발견해야 한다. 마음은 우리 내면에서 울려 퍼지는 개별적인 소리로 멜로디를 만들 능력을 지니고 있다. 때로는 우리 안에서 비명 소리도 울려 나온다. 마음은 이 소리로도 우리가 춤출 수 있는 멜로디를 만들어 낸다.

고요의 멜로디

우리가 다른 사람이 불어대는 피리소리에 따라 춤을 추지 않고 내 마음에서 솟아오르는 내면의 멜로디에 따라 춤을 추면 우리는 자신과 하나로 일치한다. 문제는 이 내면의 멜로디를 찾아내는 것이다. 이것을 찾기 위한 전제조건은 고요이고, 고요 가운데 우리 안에서 솟아오르는 소리에 주의 깊게 귀를 기울이는 것이다. 고요는 소리로 가득 차 있다. 고요함에 젖어들면 처음에 만나는 것은 내면의 온갖 잡음들이다. 그러나 끈기 있게 그 안에 머물러 계속 고요 안으로 파고들어 가면 우리는 작은 소리들을, 우리의 가장 깊은 내면이 반영된 소리들을 듣게 된다. 피타고라스학파의 가르침에 따르면 우주가 온통 소리로 가득 차 있듯이 우리의 영혼도 분명 그러하다. 우리의 영혼 안에 일반적으로 들을 수 없는 우주의 소리가 울려 퍼지고, 우리가 접근할 수 없는 어떤 세계의 신적 소리가 울려 퍼진다. 고요는 귀를 열어 우리 영혼의 멋진 소리를 들을 수 있는 문이다.

내면의 멜로디

부풀어 오르는 기쁨

나의 기쁨은 때로 너무나 커져서
그것을 다른 사람들에게 알리고 싶은 충동을 느끼고,
나아가 무엇이 내 안에 기쁨을 그렇게 충만하게 하는지
사람들에게 가르쳐주고 싶어진다.

-앙드레 지드 André Gide

      기쁨 중에는 혼자서만 간직하고 싶은 고요한 기쁨이 있다. 이 기쁨은 마음을 명랑함과 평화로 채운다. 이 기쁨을 가진 사람은 그 빛을 외부로 분출하지만 이것에 대해 말로 설명할 수는 없다. 이 기쁨은 그냥 그렇게 존재한다. 한편으로 마음에 가득 차고 넘쳐서 사람들에게 전하고 싶은 기쁨도 있다. 그런 기쁨이라 해서 반드시 어떤 일에 성공했다거나 선물로 다가온 큰 사랑으로 인한 것은 아니다. 우리 안의 기쁨이 너무나 커서 도저히 마음속에만 간직하고 있을 수 없는 순간이 있다. 고요한 기쁨이 이처럼 부풀어 올라 다른 사람에게 전해야만 하는 경우가 있다. 앙드레 지드는 자신의 기쁨을 전하는 것만으로는 만족할 수 없었다. 기쁨이 너무도 커서 자신이 왜 그렇게 기쁜지, 또 무엇이 그 기쁨을 충만하게 하는지를 말하고 싶어 견딜 수 없었다. 그는 또한 기쁨이 그의 내면에서 무엇을 활발하게 하는지 설명하고자 했다. 이것이 그로 하여금 글을 쓰게 만든 좋은 동기가 되어, 자신의 고유한 체험과 생명력 그리고 삶의 즐거움을 쓰게 되었다. 다른 사람들 안에 시기심을 불러일으키기 위해서가 아니라 기쁨이 어떻게 한 사람을 충만하게 하고 생명으로 인도하는가에 대해 설명하기 위해서였다. 글 쓰는 일은 인간의 내면에 깃든 어둠을 밝히고 슬픔을 기쁨으로 바꾸는 일종의 계몽이다.

내면의 멜로디

아름다운 신적 섬광

베토벤은 교향곡 제9번에서 실러의 송가頌歌 '환희에 붙여'를 썼다. 이 곡은 사람들이 큰 기쁨과 감사를 표현하고 싶을 때 자주 합창하고 듣는 인류 전체의 음악이 되었다. 멜로디와 텍스트가 하나로 일치해 사람들에게 언제나 감동을 준다. 프리드리히 실러는 기쁨을 아름다운 신적 섬광으로 그리고 천상 세계의 딸로 표현한다. 이것은 신이 우리 마음속에 넣어준 섬광이며 영원히 복된 자들의 땅에서 유래한다. 실러는 이것을 사람들을 서로 연결해 묶어주는 부드러운 날개로 노래한다. 기쁨은 많은 것을 움직이도록 고무하는 원동력이다. 그것은 바퀴가 돌아가게 하고 꽃이 피게 하며 연구자들에게 새로운 아이디어를 제공한다. 그리고 이것은 우리에게 인간성을 성취할 수 있는 전제조건으로 덕행을 실천하도록 요청한다. 베토벤의 음악 자체가 사람들의 마음 안에서 기쁨이 깨어나도록 한다. 이 기쁨은 충만하고 행복한 삶을 살아가게 하는 강력한 원동력이다.

말로 다할 수 없을 만큼 많이

라이너 마리아 릴케는 기쁨을 행복보다 더 높은 것으로 여겼다.

행복은 외부에서 사람 안으로 들어온다.
행복은 운명이다. 기쁨은 사람들 안의 꽃이 피어나게
한다. 기쁨은 마음에 계절과 같은 것이다.
기쁨은 사람들의 손에 있는 것 중에서 가장 멋지다.

릴케는 행복을 사람이 인위적으로 만들 수 없는 것이라고 생각했다. 사람은 그것을 오직 감사하는 마음으로 받아들일 뿐이다. 그러나 기쁨은 우리 스스로가 책임을 져야 하는 것이다. 운명에 대해 어떻게 반응할 것인가는 우리에게 달려 있다. 또 세상의 아름다움과 날마다 만나는 사람들에 대해 어떤 반응을 보일 것인가 하는 것 역시 우리에게 달린 문제이다. 나는 기쁨에게 명령을 내릴 수 없다. 그러나 외부에 존재하는 세계가 있는 그대로 내 안에 들어올 수 있도록 나를 열어 둔다면, 그리고 외부 세계를 경이의 눈과 경외하

내면의 멜로디

는 마음의 눈으로 인지하면, 내 안에 기쁨이 자란다. 그러므로 기쁨을 느낄 수 있도록 나를 훈련할 수 있다. 주의 깊은 마음으로 사물에 다가가면서 기쁨이 내 안에서 피어나게 할 수 있다.

가득한 환희, 가득한 환희

기쁨이 잔치를 연 곳에 나도 자리를 차지하고 앉는다.
삶은 가득한 환희, 가득한 환희.
나의 두 눈이 아름다움의 도시를 산책하는 동안
보는 것에 잔뜩 배부른 나는 깊은 곳에서 울려오는
멜로디에 귀를 기울이며 잠겨든다.

인도의 시인 타고르가 기쁨이 벌이는 잔치를 노래한 시다. 기쁨이 잔치를 연 곳에 시인은 기꺼이 자리한다. 그런 곳에는 함께 참여하지 않을 수 없다. 기쁨은 슬쩍 손길로 가져갈 수 없다. 기쁨은 시간을 필요로 한다. 기쁨을 즐기려면 함께 참여해야 한다. 기쁨의 식탁에 앉으면 눈이 열려 나를 둘러싸고 있는 삶의 환희를 보게 된다. 기쁨은 언제나 나를 둘러싸고 있는 아름다움을 눈으로 인지하게 한다. 눈을 뜨고 아름다움의 도시를 산책하면 잔뜩 배부르게 된다. 여기서 타고르 역시 음식의 표상을 사용한다. 기쁨은 모든 감각을 통해 영혼을 먹인다. 보는 것은 음식보다 더 많이 배를 채워준다. 보는 것으로 배가 부

내면의 멜로디

른 사람은 더 이상 계속 보지 않아도 된다. 그는 본 것을 자신 안에 간직하고 그것은 그에게 지속적인 영양소가 된다. 기쁨이 존재하는 자리는 눈으로 세상의 아름다움을 보고 귀로 깊은 곳에서 울려 나오는 멜로디에 빠져드는 곳이다. 듣는 것으로 내 안에 온통 행복감이 번져 오른다. 그런데 듣는 것은 언제나 현재 그 순간에 일어난다. 나는 언제나 현재 그 순간의 소리를 듣는다. 그 멜로디를 다시 한 번 흥얼거릴 수도 있다. 그러나 그것을 붙들어 둘 수는 없다. 멜로디가 내 귓전을 울리면 내 마음은 상기되고 나는 기쁨의 정서에 젖어든다. 듣는 것은 나로 하여금 나를 벗어나 경이로운 음악을 내 안에 받아들이게 한다. 그렇게 하여 그 음악은 나를 나 밖으로 인도하여 소리로는 들을 수 없는 신비, 하느님의 신비로 인도한다.

101

삶에 도취하여

                    타고르는 행복과 즐거움을 글로 쓰기만 한 것이 아니다. 그는 분명 그것을 체험했다. 그의 말은 그 자신의 체험을 표현했을 뿐만 아니라 우리가 체험하고도 말로 표현하지 못하는 것을 신뢰하게 한다. 체험을 언어로 서술하지 못하면 그것은 잊히고 만다. 말은 체험이 좀 더 구체적인 기억이 되도록 한다.

  타고르는 자신이 직접 겪은 체험을 깨어 의식적으로 기록했다. 그는 우리 모두에게 해당되는 어떤 것을 표현했다. 우리는 잠을 자는 동안에 주변에서 일어난 일에 대해서는 전혀 인지하지 못한다. 우리는 아름다움을 인지하지 못한다. 손으로 잡을 수 있을 만큼 가까운 주변에 놓여 있는 행복을 인지하지 못하고 그것을 다른 곳에서 찾는다. 우리 자신이 만든 꿈속에서, 환상 속에서 찾는다. 즐거움을 체험하기 위한 전제조건은 깨어 있는 것이다. 눈을 뜨는 사람만이 외부에 존재하는 것을 있는 그대로 인지할 수 있다. 깨어나는 사람만이 타고르가 체험했던 것처럼 자신이 지금까지 감옥 속에서 살았음을 인지한다. 타고르는 기도와도 같은 아름다운

내면의 멜로디

시에서 감옥을 부수고 일어나 새들의 노래를 듣고 눈부신 햇살을 몸으로 느낄 수 있도록 해달라고 하느님께 청한다.

나의 행복이 너무나 크고
즐거움이 너무나 깊어,
나는 삶에 도취되었다.
나의 삶은 오늘에서야 비로소 깨어났는데,
나는 그 이유를 알지 못한다.
멀리서 바다의 노랫소리가 들려오는구나.
아, 이제껏 나의 몸은
얼마나 멍청하고 비참한 상태 속에서 살았던가.
감옥을 부수어라.
하나 둘 차례차례 부수어버려라.
오늘 하루 새들은 얼마나 멋지게 노래하는가.
한 다발의 햇살이 나에게 닿는다.

기쁨은 몸에도 좋다

즐거운 마음은 건강을 좋게 하고
기가 꺾인 정신은 뼈를 말린다.
- 잠언 17, 22

잠언은 각 구절마다 짧은 형식으로 삶의 지혜를 표현하고 있다. 위 구절처럼 성경에서 삶의 지혜를 담은 대부분의 글은 사람에 대해 언급한다. 그리고 사람의 삶을 어떻게 하면 성공적으로 이끌어갈 수 있는지 보여준다. 하느님과의 관계도 그 사람의 심리에 따라 몸의 자세로 표현한다. 성경에서 종교적 길은 언제나 삶을 성공적으로 살아가기 위한, 기쁨과 사랑으로 나아가기 위한 일종의 정신분석학적 길이다.

느낌은 몸에 깊은 영향을 남긴다. 기쁨은 몸에 좋은 영향을 준다. 걱정거리에다 마음의 공간을 너무 많이 할애하는 사람은 자신의 몸을 상하게 한다. 마음의 걱정은 몸을 상하게 한다. 그것은 성경에서 표현한 대로 뼈도 말린다. 우리는 어떤 사람의 마음이 기쁜지, 슬픔으로 억압되어 있는지, 걱

내면의 멜로디

정거리로 가득 차 시달리고 있는지 알 수 있다. 이들은 몸을 통해 외부로 표출될 뿐만 아니라 내면에도 강하게 작용한다. 상심하여 고통을 받는 사람은 식욕도 잃는다. 그는 결코 배부르게 먹지 못한다. 먹는 것으로 분노를 잠재우는 사람도 있다. 그러나 걱정거리 때문에 몸이 비쩍 마르는 사람이 훨씬 더 많다. 이들의 몸은 내면의 걱정을 드러낸다. 이들은 다른 사람들이 가까이 접근할 수 없는 분위기를 밖으로 표출한다. 기쁜 사람은 자신의 주변에 언제나 많은 사람들을 불러 모으지만, 슬픔에 시달리는 사람은 혼자가 된다.

춤을 추기 위해 춤춘다

한 지점에서 다른 지점으로 가장 빨리 이동하려는 움직임이 있다. 빠른 길에서 벗어나 돌아가는 길도 역시 이동이 목적이다. 한편 이러한 목적이나 범주와 상관없는 움직임도 있다. 예를 들면 춤이 이에 해당된다.

춤을 추는 것은 어딘가로 이동하기 위해서가 아니다.

오스트리아의 베네딕토회 수도자인 다비드 슈타인들-라스트David Steindl-Rast가 한 말이다. 춤을 추는 동안 우리는 리듬에 맞춰 움직이는 것을 즐긴다. 춤을 추는 것으로 명예를 얻는 것도 아니고 멋지게 추는 모습을 남에게 보여주려는 것도 아니다. 춤을 추는 동안 우리는 주변에 있는 사람들을 잊어버린다. 춤을 춘다는 것은 한편으로 파트너의 리듬을 받아들여 그것에 맞추는 기술을 익힌다는 의미이기도 하다. 그러나 이것은 통제에 의해 발생하는 것이 아니라 자신을 놓아주고 상대를 받아들이는 것을 통해 이루어진다. 나

내면의 멜로디

는 춤추는 것을 매우 좋아하는 어느 부부를 알고 있다. 이들은 춤추는 동안 자기 자신을 잊는다. 직장과 가정에서 일어난 문제는 생각도 하지 않는다. 이들은 춤 속으로 몰입한다. 그러나 이들은 어떤 목적을 이루려고 춤을 추는 것이 아니다. 어떤 문제를 해결하려는 것도 아니고 완벽한 춤을 추기 위해서도 아니다. 하루에 걸어야 하는 양을 채우기 위한 것도 아니기 때문에 춤추는 동안 몇 보를 움직였는지 세지도 않는다. 이들은 단지 춤을 추기 위해 춤춘다. 음악에 따라 몸이 움직이도록 내맡기면서 즐거움을 느낀다. 즐거움은 이들을 새로운 방식으로 연결시켜 주고 서로에 대한 관심을 고양시켜 준다. 이들은 춤을 통한 즐거움이 자기들에게 좋은 영향을 준다는 사실을 안다. 그러나 춤을 추는 동안 언제부터 내면의 기분이 고양되는지 관찰하지는 않는다. 이렇게 춤출 수 있는 저녁시간이 끝나면 그들은 만족하고 내적으로 행복한 상태에서 집으로 향한다. 그리고 어느 순간, 전에는 화만 돋우던 문제를 대화로 풀 수 있게 된다.

온전히 이 순간에

기쁨은 우리를 흐트러짐 없이
온전히 현재 이 순간에 있게 한다.
우리는 언제나 여기서 이 순간에 기뻐한다. 우
리가 어떤 것에 대한 기쁨을 미리 가질 경우에도 그
기쁨을 지금 느끼고, 과거에 기뻤던 순간에 대한
추억도 지금 이 순간에 느낀다.

선禪 선생이자 작가인 마르그릿 이르캉Margrit Irgang이 쓴 글이다. 그녀는 「기쁨의 책Buch der Freude」을 저술했다. 앞의 글은 이 책에서 인용한 것인데 이를 통해 우리는 긍정적인 정서를 감지할 수 있다. 이 글을 통해 그녀는 오늘날 많은 시인들의 큰 관심거리인 한 가지 주제에 관심을 갖게 한다.

기쁨은 우리를 온전히 현재의 순간에 있게 한다. 내가 기뻐하면 나는 온전히 지금 이 순간에 현존한다. 생각하는 일은 언제나 과거와 미래를 떠돌아다닌다. 기쁨은 지금 이 순간 내가 느낄 수 있도록 하며 기쁨 자체가 나를 현재 그 순

내면의 멜로디

간에 현존하게 한다. 기쁨 속에서 나는 나 자신을 만난다. 생각하는 동안 나는 나 자신과 멀리 떨어져 있다. 기쁨은 나를 나 자신 가까이로 인도하고 현재의 순간으로 데려다 놓는다. 기쁨은 즐거움의 자매 중 하나이다. 즐거움 역시 현재의 순간에 느낀다. 지나간 일이나 미래의 일에서 나는 즐거움을 느낄 수 없다. 기껏해야 나의 표상 속에 현존하는 과거나 미래의 것을 느낄 수 있을 뿐이다. 기쁨은 현재를 만든다. 뒤집어 보면 온전히 현재 지금 이 순간에 있으면서 기쁨을 갖게 된다. 기쁨은 순수한 현존, 명백한 현재의 표현이다.

세상의 노래

느낌을 모아 놓을 수 있다면
나는 세상이 부른 노래에 대한 느낌을
기꺼이 모아 두고 싶다.

버지니아 울프 Virginia Woolf가 1929년 10월 어느 날 일기장에 쓴 글이다. 아마도 그녀의 마음을 깊이 감동시킨 체험에 관한 글로 보인다. 세상만이 노래를 부른 것이 아니다. 그녀도 함께 노래했다. 그녀는 세상의 노래와 온전히 일치하고 있다. 세상이 부르는 노래를 인지하려면 고요가 필요하다. 들판과 숲을 속삭이게 하는 것은 그들을 스치며 지나가는 바람만이 아니다. 내 귀를 통해 들을 수 있는 것만이 아니다. 침묵하고 있는 자연 역시 자신을 하나의 노래로 드러낸다. 자연은 세상의 아름다움을 노래하고 있다. 버지니아 울프 역시 세상의 노래를 붙잡아 간직할 수 없다는 사실을 알고 있었다. 우리가 세상에서 울려 나오는 노래를 인지할 수 있는 순간은 매우 소중하다. 세상 자체가 바로 노래이기도 한 것이다.

내면의 멜로디

모든 사물 속에 든 노래

낭만파 시인 아이헨도르프^{Eichendorff}는 다음과 같은 체험을 했다.

세상 전체가 일어나 노래를 부른다.
이 마술적인 말이 네게 와 닿기만 한다면….

아이헨도르프에게 있어서 세상을 노래하게 하는 것은 단순히 내적인 느낌만이 아니다. 그리스의 철학자 피타고라스와 그의 학파는 우주의 음악에 대해 말한 적이 있다. 이들에게도 세상은 조화로운 화음으로 가득했던 것이다. 침묵으로 세상의 신비에 다가가는 사람은 그 순간 세상의 노래를 감지할 수 있는, 특별한 은총을 받은 그 노래를 인지하게 되면 이제껏 한번도 체험해보지 못한 엄청난 기쁨으로, 그리고 내면의 평화와 혼탁한 세상이 결코 훔쳐갈 수 없는 즐거움으로 채워진다.

기쁨의 즉흥곡

훌륭한 바이올린 연주자인 예후디 메뉴힌Yehudi Menuhin은 뛰어난 연주 솜씨로 수많은 사람들을 기쁘게 했고, 음악을 기쁨의 중요한 원천으로 만들었다. 이 기쁨은 어디서 오는가? 나는 이 문제를 정확하게 밝히지 못한다. 바흐 음악의 아름다운 선율은 나의 삶을 내면의 세계로 인도하며 모차르트의 선율은 나로 하여금 삶을 밝고 활동적으로 살아가게 한다. 그런데 예후디 메뉴힌은 연주할 때 미리 말로 할 수 없는, 갑자기 진행되는 즉흥적 개입을 통해 기쁨을 느낀다고 말한다.

연주할 때의 기쁨은
당연히 미리 말할 수 없는 즉흥적인 요소에 있습니다.
이것이 없다면 우리는 삶에서도 음악에서도
흥미를 느끼기 어려울 것입니다.

이것은 옳은 말이다. 나 자신도 어떤 음악을 들을 때 악보는 수백 년 전과 동일하지만 그 속에는 언제나 다르게 울

내면의 멜로디

리는 음이 있고, 결코 미리 말할 수 없는 요소가 있기 때문에 그때마다 언제나 새롭고 그래서 물리지 않고 즐겨 다시 듣게 된다.

기쁨은 갑자기 찾아오는 것이다. 삶을 미리 정확하게 계획하는 사람은 하루가 자신이 계획한 대로 진행되는 것에서 만족을 느낀다. 그러나 기쁨은 본질적으로 말로 표현할 수 없던 어떤 것이 갑자기 떠오른다든가, 오랫동안 연락이 없던 어느 친구가 갑자기 연락을 해온다든가, 햇살이 안개를 뚫고 비춰 온다든가, 어떤 문제가 저절로 해결된다든가, 좋은 소식이 들려온다든가 할 때 생겨난다. 기쁨과 놀람은 남매 사이 같다. 전혀 예상치 못했던 어떤 것이 갑자기 나를 엄습해 오는 것에 대해 내가 적극적이고 창조적인 반응을 보일 때 나는 그렇게 하기를 잘했다는 느낌을 갖게 된다. 예기치 않게 어떤 친구가 지나는 길에 갑자기 방문하면 나는 모든 것을 있는 그대로 두고 그와 함께 산책을 나간다. 적지 않은 수의 사람들이 자신이 세운 계획에 방해되는 요소들이 갑자기 끼어드는 것을 힘들어한다. 나 역시 이런저런 약속으로 가득 찬 날에 갑자기 찾아온 방문객을 기쁘게 대하기는 어렵다. 그를 위해 시간을 내기가 거의 불가능하기 때문이다. 그때 그에게 내가 아주 짧은 시간조차 낼 수 없는 이유를 설명하는 데 노력을 기울이고 나면 기쁨을 느낀다. 내게는 시간에 따라 미리 계획한 것이 매우 중요하다. 그래서 예상치 않은 어떤 일이 갑자기 발생하면 나는 힘들다. 그러나 나는 계획한 일을 질서 있게 하는 것만으로는 기쁨을 만들 수 없다는 사실도 알고 있다. 나는 글을 쓰기 위한 시간을 마련한다. 여기에도 과정과 질서가 필요하다. 쓰고자 하는 글이 생각나지 않더라도 일단 앉아 있어야 한다. 계획한 대로 글을 쓰는 시간에도 미처 생각하지 못했고 미리 말할 수도 없던 내용이 갑자기 떠올라 손을 부지런히 움직여 기록할 때 기쁨이 생긴다.

삶을 춤추자

내면의 멜로디

갑자기

어떤 사람에게 기쁨은 그들의 지각 범위에서 멀리 떨어져 있다. 이들은 기쁨을 동경하지만 기쁨을 어떻게 찾아야 할지 모른다. 나는 많은 사람들이 살아오면서 기쁨을 맛보지 못했다고 호소하는 말을 자주 듣는다. 이들은 기쁨을 맛보려고 애를 쓰면 쓸수록 더욱 기쁨과 멀어진다. 우리가 아무것도 할 수 없을 때 기쁨은 때로 갑자기 찾아와 우리를 사로잡는다. 우리는 기쁨이 우리를 찾아와 사로잡도록, 신적 놀람이 찾아오도록 놓아두기만 하면 된다. 윌리엄 워즈워드 William Wordsworth는 이 체험을 다음과 같이 표현했다.

기쁨으로 놀라다.

이 말 속에 들어 있는 표상은 마치 누군가 그렇게 하는 것처럼 기쁨이 나를 사로잡는 모습이다. 기쁨은 나를 만나는 어떤 사람과 같다. 기쁨은 나를 찾기 위해 시내를 온통 헤집고 다닌다. 내가 할 수 있는 것은 오직 나를 갑자기 찾아오려는 기쁨을 위해 열린 마음을 갖는 일이다. 기쁨이 나에게 갑자기 찾아오도록 나를 열어둘 능력이 없을 때, 기쁨이 나를 만나길 원한다는 사실을 전혀 생각하지 못할 때, 기쁨이 더 갑작스레 나를 사로잡는 수가 있다. 그러나 내가 주변에 결코 뚫고 들어 올 수 없는 벽을 둘러치거나 미끄러운 외투를 입고 있다면, 아무리 명랑하고 행복한 것이라도 내 안에 들어오지 못할 것이고, 이전에 단 한번도 본 적이 없는 어떤 새로운 것은 결코 들어오지 못할 것이다.

삶을 춤추자

내면의 멜로디

완전한 기쁨

인도 철학자 스리 아우로빈도Sri Aurobindo는 이렇게 말했다.

참된 기쁨을 배워라.
그러면 너는 하느님을 알게 될 것이다.

이 말은 요한 복음의 한 구절을 생각나게 한다.

내가 너희에게 이 말을 한 이유는, 내 기쁨이 너희 안에 있고 또 너희 기쁨이 충만하게 하려는 것이다.
-요한 15, 11

예수님이 느끼는 기쁨은 살아서 존재하고 있는 것에 대한 기쁨이고 하느님께 대한 기쁨이다. 예수님은 아버지와 하나이시다. 기쁨은 아버지와 하나임을 체험한 것에 대한 정서적인 반응이다. 예수님이 기쁨에 대해 말씀하셨을 때 제자들도 기쁨을 느꼈다. 제자들은 예수님이 하신 말씀에 의해서도 그렇지만 무엇보다 그분의 목소리를 통해서 기쁨을 느꼈던 것이다.

목소리를 통해서 우리는 어떤 사람의 심적 상태를 듣는다. 목소리를 통해서 그의 정서와 함께하게 되기 때문이다. 사람들 중에는 자기 말에 귀를 기울이는 사람도 함께 슬픔에 빠져들게 만드는 사람이 있다. 자신의 목소리로 공격성이나 불만족, 실망이나 쓰라림을 확산시키기도 한다. 예수님의 목소리에서는 기쁨이 솟아 나온다. 말씀을 통해 예수님은 우리를 당신의 기쁨에 동참시키신다. 그분은 우리의 기쁨이 완전하기를 바라신다. 같은 구절의 그리스어 원문은 '그들이 충만하도록, 채워지도록, 그들이 가득 차서 가도록'이란 말로 기록되어 있다. 예수님은 이 말씀으로 우리의 마음 바탕에 이미 기쁨이 내재하고 있음을 나타내신다. 그분의 말씀을 통해 우리는 이미 우리 안에 존재하는 기쁨을 만난다. 그분의 말씀은 기쁨이 충만하도록 우리를 인도하려 한다. 그분의 말씀은 우리의 기쁨 안에서 울려 나오는 것을 완성시키려 한다. 우리의 기쁨은 하느님의 충만함에 동참하고 하느님의 존재에 참여해야 한다. 기쁨을 그 근본 바탕에 이르기까지 맛본 사람은 하느님을 만난다.

내면의 멜로디

내 마음의 바탕

사람들은 사물에 대한 기쁨이라고 말하지만,
실제로는 기쁨 자체가
어떤 사물을 통해 드러나는 것이다.

프리드리히 니체의 말이다. 사물에 대한 기쁨이란 자신의 일에 대해 기뻐하고 어떤 선물에 대해 기뻐하며 외적인 그 무엇이나 좋은 날씨에 대해 기뻐함을 말한다. 그러나 기쁨은 결국 언제나 자기 영혼에서 우러나오는 질적인 존재이다. 어떤 사물이나 사건은 나로 하여금 이미 내 안에 존재하는 기쁨과 접촉하게 한다. 그러므로 이 기쁨은 최종적으로는 언제나 자기 자신에 대한 기쁨이다. 나 자신에 대한 기쁨은 나에게 속한 것이다. 그러므로 누구도 나의 기쁨을 빼앗아 갈 수 없다. 기쁨은 사람들의 행위에, 예를 들어 다른 사람이 나에게 주는 선물과 같은 것에 매여 있지 않다. 사물은 내 안에 있는 기쁨을 불러일으킬 수는 있다. 나를 마음속 깊은 곳에 있는 기쁨과 접촉하게 할 수는 있다. 그러나 기쁨은 어디까지나 내면의 상태이다.

이것은 니체가 말한 내용의 한 측면이다. 다른 한편으로, 나 자신에 대해 기뻐할 것인지 말 것인지는 나의 선택에 달려 있다. 나 자신에 대해 분노할지, 나를 내적으로 거절할지, 나 자신에 대해 기뻐할지는 나의 문제인 것이다. 나에 대한 기쁨이 내가 하는 모든 것을 옳은 것으로 보아야 한다는 의미는 아니다. 인간이 인간으로 존재하는 데는 슬픈 요소도 있는 것이 사실이다. 그러나 자신에 대한 기쁨은 하느님께서 나를 만드신 것, 나를 훌륭하게 만드신 것에 대해 감사히 받아들이는 것이다. 이는 하느님께서 나에게 선사하신 존재에 대한 기쁨이다. 나 스스로 기쁨을 선택해야 한다. 그렇지 않으면 선물이 수천 개라도 내 안에 있는 기쁨을 불러일으키지 못한다. 나는 주변에서 수많은 사건과 사물을 만난다. 그러나 스스로 기쁨을 선택하지 않으면, 이들을 마음 깊은 곳에 이미 있는 내 기쁨과 만나게 할 수 없으며 나는 오직 불만족과 쓰라림만 대변하고 말 것이다.

내면의 멜로디

지속적인 선물

기대했던 어떤 희망이 깨져버린다면
당신은 잔뜩 실망해
'내가 그렇게 기뻐했는데!'라고 불평할 것이다.
그런데 당신이 그 희망으로 기뻐했던 그것은
아무것도 아닌가?

마리 폰 에브너에셴바흐의 말이다. 많은 사람들은 기쁨을 갖고 기대했던 일이 이루어지지 않으면 실망한다. 어떤 친구가 온다고 하여 큰 기쁨으로 그를 기다린 사람이 있다. 그런데 그 친구가 전화를 걸어 다른 일이 생겨 오지 못한다고 하면 "온다고 해서 그렇게 기뻐했건만…"이라는 불평과 함께 그 외의 것들까지 부서져버리고 만다. 기쁨이 슬픔으로 바뀌고 때로는 분노가 되기도 한다. 기뻤던 마음은 허탈감으로 변한다. 마리 폰 에브너에셴바흐는 "당신은 그 희망으로 기뻐했는데, 그것은 아무것도 아닌가?"라는 질문을 던진다. 내가 기뻐했다면 나는 나 자신 안에 있는 기쁨과 접촉한 것이다. 그러면 기쁨은 이미 나를 변화시킨 것이다. 그것은 이미 하나의 선물이다. 이렇게 체험한 기쁨을 계속 자기 안에 간직하면서 그것에 감사하느냐 마느냐는 나에게 달려 있다.

내면의 멜로디

기쁨은 발꿈치를 들고 고요히 온다

힐데 도민은 시를 쓸 때 독특한 표상을 동원해 우리가 실제 세계를 새로운 눈으로 볼 수 있게 한다. 기쁨에 대한 그녀의 다음 시도 그 중 하나이다.

기쁨은
가장 겸손한 동물
이 부드러운 일각수*는
너무나 고요하여
그것이 올 때도, 갈 때도
사람들은 듣지 못한다.
나의 애완동물
기쁨은
목이 마르면
꿈속에서 흐르는
눈물을 핥는다.

---

* 일각수(一角獸, Einhorn, unicorn) : 긴 뿔이 하나만 있는 말과 비슷한 전설의 동물.

도민은 기쁨을 겸손한 동물로, 부드러운 일각수로 부른다. 일각수는 그리스도교에서 강함과 순수함의 표상으로 통한다. 이 동물은 오직 한 점의 티도 없는 처녀만이 붙잡을 수 있고 길들일 수 있다. 사람들이 일각수를 잡으려고 하면 이 동물은 티 없는 처녀의 품으로 도망친다. 그래서 사람들은 마리아를 자주 일각수와 함께 그렸다. 기쁨은 부차적인 의도들과 섞일 수 없는 것이다. 우리가 기쁨을 사냥해 붙잡으려 하면 그것은 '티 없는 처녀의 품 안으로' 숨어든다. 그러면 그것은 우리 영혼의 깊은 바닥으로 숨어든다. 여기에는 우리의 갈망과 소유욕이 들어갈 자리가 없다.

힐데 도민이 사용하는 기쁨에 대한 두 번째 표상은 고요한 애완동물이다. 그것이 올 때도 갈 때도 우리는 아무런 소리를 들을 수 없다. 기쁨은 발꿈치를 들고 고요히 다닌다. 그래서 그것이 우리의 마음속으로 들어올 때도 거의 인지할 수 없다. 그러나 그것은 우리가 힘으로 억지로 몰아내지 않는 곳에 머물러 산다. 기쁨이 목마름을 느끼면 우리의 꿈속에서 흐르는 눈물로 목을 축인다. 기쁨은 우리의 얼굴에 흐르는 눈물을 닦아내어 우리의 꿈이 왜곡되지 않게 한다. 기쁨은 우리를 꿈과 만나게 한다. 기쁨은 꿈이 현실이 되게 한다.

내면의 멜로디

모든 것은 행복하기 위해 태어났다

어디에나 존재하는 기쁨이 온 땅을 감싸고 있다.
기쁨은 땅에서 솟아 나와 감각의 부름을 받는다.
…모든 것이 존재하기 위해 노력하고,
모든 피조물은 존재하고 있다는 사실을 기뻐한다.
기쁨이 달콤한 과일즙 속에 있을 때
당신은 그것을 열매라 부르고,
기쁨이 노래일 때 당신은 그것을 새라 부른다.
사람은 행복하기 위해 태어났다는 사실을
자연 전체가 우리에게 가르치고 있다.

   프랑스 시인 앙드레 지드는 기쁨이 지닌 우주적 힘을 확신했다. 우리가 감각으로 땅을 인지하면 땅으로부터 기쁨이 우리를 향해 달려온다. 기쁨은 모든 피조물의 표시이다. 기쁨은 피조물의 본질이다. 과일 나무의 꽃 속에 들어 있는 열매는 기쁨이다. 새의 노래 역시 기쁨이다. 피조물의 기쁨은 피조물 자체에 표현되어 있다. 기쁨은 마치 열매가 우리에게 삶을 선사하듯이 우리를 활발한 생명력으로 채운다. 기쁨은 새들이 생생하게 살아가도록 한다. 기쁨은 마치 음악처럼 퍼지고 새처럼 땅을 박차며 공기 중으로 날아오른다.

앙드레 지드는 사람은 행복하기 위해 태어났다고 보았다. 만약 우리가 깨어 있는 감각으로 자연을 접하면 행복을 향해 나아가는 것이 우리 내면의 본질임을 알게 될 것이다. 기쁨은 온 땅에 깊이 스며 있는 본질과 같다.

내면의 멜로디

어린 시절의 즐거움

당신의 가슴이 아직도 어린 시절의
즐거움을 느끼고 있는지 말해보시오.

-루드비히 울란트Ludwig Uhland

어린아이들은 즐거움을 느낄 수 있는 능력을 지니고 있다. 이들은 즐거움을 가득 안고 놀이 속으로 빠져든다. 선물을 받으면 마음으로부터 기뻐하고 폴짝폴짝 뛰면서 온몸으로 그 기쁨을 표현한다. 대부분의 어른들은 마치 더 이상 기뻐할 게 없다는 듯한 표정을 하고 있다. 이들은 너무나 많은 실망을 체험한 것이다. 이러한 사람들에게는 어린 시절에 가졌던 기쁨을 생각해보는 것이 자신을 치유하는 방법일 수 있다. 즐거움을 자기 안에 다시 불러일으킬 수 없다고 해도 그것을 기억하는 것만으로 기쁨을 접하게 된다. 그리고 그 기쁨을 자신의 마음에서 다시 발견하게 되면 한 번 더 일상의 작은 것들을 기뻐할 수 있는 능력을 갖게 된다. 그러면 다시 놀이를 하고 싶은 의욕을 가지게 되고, 반드시 이익을 가져오지 않아도 어떤 것을 하고자 하며, 단지 사람들의 기대를 채우기 위해서 하는 일들을 그만두게 된다. 가슴 깊은 곳까지 들어갔는데도 그 안에서 어린 시절의 즐거움을 발견할 수 없다면, 그때가 바로 나의 영혼과 만나는 것을 방해하는 것이 무엇인지 알아보아야 할 시간이다. 어떤 커다란 정신적 충격이나 실망이 그러한 요소일지도 모른다. 이 모든 방해 요소를 있는 그대로 바라봐야 한다. 그렇게 모든 상처와 경직을 뚫고 들어가, 다시 발견되어 생생하게 되살아나기를 기다리는 기쁨이 머무는 영혼의 깊은 바닥까지 내려가야 한다.

내면의 멜로디

기쁨의 전기

스위스의 심층심리학자 베레나 카스트Verena Kast는 기쁨에 대한 책을 썼다. 그녀보다 앞서서 기쁨을 다루려 했던 심리학자는 거의 없다. 심리학 사전에서 기쁨에 대한 주제를 찾아보기조차 힘들었다. 그동안 심리학은 지나치게 편파적으로 상처와 그 치유방법에 대해서만 다룬 것이다.

오늘날 우리는 기쁨이 사람들에게 얼마나 좋은 영향을 주며 사람들을 치유하는 데 얼마나 강한 힘을 지녔는지 잘 알고 있다. 베레나 카스트는 기쁨의 힘이 일치와 존재, 그리고 자유와 생명력에 대한 체험에서 온다고 서술한다.

> 사람들이 그렇게도 간절히 원하고 찾아온
> 자기 자신과 하나 되는 느낌과 존재 전체에 대한 느낌은
> 기쁨의 순간에 함께한다.
> 이런 순간에 우리는 또한 생명력에 대한 느낌을
> 갖게 되고 자유도 느낄 수 있다.
> 침묵 중의 기쁨이든 어떤 것이든 간에

기쁨과 연계된 모든 움직임은
위를 향한 움직임이고
새처럼 가볍게 날아오르는 움직임이다.

서로 기뻐하자고 외치는 것은 별 도움이 되지 않는다. 명령에 의해 기뻐할 수는 없다. 그러나 나의 마음속 깊은 곳에 이미 자리 잡고 있는 기쁨을 접할 가능성은 내 손에 있다. 누구나 어린 시절에 체험한 자연적인 기쁨이 있다. 베레나 카스트는 기쁨에 대한 체험들을 붙잡기 위해, 머릿속에 떠오르는 기쁨과 어린 시절에 지녔던 기쁨을 다시 상기하기 위해 기쁨의 전기를 써보라고 권한다. 어린 시절에 체험한 기쁨을 다시 인식하는 일은 현재 자신이 안고 있는 걱정거리로 인해 사라진 기쁨을 다시 만나게 한다. 이 기쁨은 내 영혼 깊은 곳에서 다시 불러일으켜지기를 기다리고 있다.

하늘은 네 안에
- 행복하기 위한 방법

내면의 멜로디

다른 곳에서 찾는 것은 불가능한 일

우리 안에서 행복을 찾는 것은
쉽지 않은 일이다.
하지만 다른 곳에서 찾는 것은
아예 불가능하다.

아녜스 레플라이어 Agnes Repplier 의 말이다. 행복을 발견할 수 있는 유일한 장소는 각자의 마음이다. 행복을 찾으려고 어디로든 멀리 가는 것은 각자 선택할 자유로운 문제이다. 그러나 낯선 곳, 외부에서는 결코 행복을 찾아낼 수 없다. 행복은 다른 사람에게서 찾을 수 없고 직업에서도, 성취에서도, 재산에서도 찾을 수 없다. 그것은 오직 우리 자신 안에 있을 뿐이다. 그런데 행복이 우리 안에 숨어 있기는 하지만 자신을 쉽게 찾아내도록 허용하지는 않는다. 행복을 감지하기 위해서는 섬세한 감각이 필요하다. 우리 마음 깊은 곳에 자리 잡고 있는 행복을 접하기 위해서는 몸과 마음이 고요해야 한다. 언제나 부산히 움직여대면 우리 안에 있는 행복을 느낄 수 없다. 행복은 호수와 같다. 오직 온전히 고요할 때만 세상의 아름다움을 비춰준다. 오직 우리가 고요하게 머물 때만 우리를 둘러싸고 있는 영광이 비춰든다. 그러면 우리는 우리 안에 있는 기쁨을 느낀다.

내면의 멜로디

행복의 왕도

어떤 사람들은 자신이 결코 성취할 수 없는 행복을 기대한다. 테오도르 폰타네^{Theodor} ^{Fontane}는 행복으로 나아가는 남다른 길을 보여준다.

일하는 낮을 12시간 정도로 보고
이 720분 동안 특별히 짜증낼 만한 일이 없었다면
그날을 행복한 날로 여겨야 한다.

하루가 짜증나는 일 없이 지나갔다면 그날은 행복한 날이다. 활동하는 720분 동안 어떤 이웃사람이 나에게 비난을 퍼부어대거나 일이 제대로 진행되지 않는 경우, 날씨가 갑자기 나빠지거나 나쁜 일이 닥치는 것 등은 내 의지로 일어나는 상황이 아니다. 하루가 화낼 일 없이 흘러갔다면 감사히 여겨야 한다. 그렇다고 짜증낼 일이 일어날 때도 속수무책으로 당하면서 수동적인 자세를 취하라는 말은 아니다. 그날 하루 일어난 일에 어떤 반응을 보일지는 스스로에게 달렸다. 이웃사람이 퍼붓는 비난에 화를 낼 수도 있고 그대로 내버려 둘 수도 있다. 그 이웃은 그렇게 비난의 말을 퍼부으며 불만에 가득 찬 자기 영혼의 상태를 드러내고 있을 뿐이다. 우리가 그의 병든 영혼에 물들 것인지 아니면 거리를 유지해 스스로를 보호할 것인지는 우리 손에 달린 문제이다. 이런 의미에서 하루를 짜증내지 않고 보내는 것은 자기 책임이다. 외부에서 다가오는 부정적인 일에 짜증이나 우울로 반응하지 않고 내적 명랑함으로 대하는 데 성공했다면 그날은 행복한 하루이다. 스토아 철학은 '영혼의 평정 aequo animo'에 대해 말한다. 베네딕토 성인은 수도원을 관리하며 수많은 갈등과 접하는 원장이나 당가(재정 담당자), 간부들에게 바로 이 덕목을 갖추도록 요청했다. 이들은 수도자나 수도원에서 일하는 사람들의 마찰에 감염되지 않고 평정과 내적 평화로 수도원을 이끌어가야 하기 때문이다. 그렇게 하면 갈등과 마찰이 주변에 즐비해도 그들은 평화를 넓혀갈 수 있다. 이것은 경험을 통해 증명된 오래된 규칙이다. 우리 모두 여기서 배움을 얻을 수 있다. 오늘이 바로 이를 실천하기에 좋은 날이다.

내면의 멜로디

선물

세상의 모든 행복을 소유할지라도
그것을 선물로 여기지 않는 사람은 기쁨을 누릴 수 없다.
불행에 시달리는 사람일지라도 그것에 대해
감사할 수 있으면 그는 기쁨을 느끼게 된다.

이 글을 쓴 오스트리아 베네딕토 수도회 회원 다비드 슈타인들-라스트는 자신의 체험을 통해 행복이 무엇인지 알았다. 그는 그의 행복을 부러워하는 많은 사람들을 만났다. 그러나 그의 행복을 모든 이에게 나누어 줄 수는 없었다. 대다수의 사람들이 마치 그에 대한 권리라도 가진 듯 행복을 소유하려 했기 때문이다. 그런 사람들은 행복이 언제나 선물로 받는 것일 뿐임을 잊고 있었다. 행복이 선물로 자신에게 다가오는 것을 인정하고 받아들인다면 기쁨으로 가득 찰 수 있다. 반면 그렇지 않을 경우, 아무리 가치 있고 훌륭한 사람을 많이 만날지라도 그것을 통해 기쁨을 누릴 수는 없다. 아무리 많은 재산을 소유한 사람도 행복할 수 없다.

다비드 슈타인들-라스트는 감사하는 마음속에서 참된 기쁨의 열쇠를 보았다. 불행한 일을 겪는 중에도 감사하는 마음을 간직한 사람은 그 불행 때문에 내적 기쁨을 상실하지 않는다. 생각지도 않은 일이 갑자기 닥쳐 미리 계획한 일을 방해할지라도 감사하는 마음을 지닌 사람은 그것을 지금까지 알지 못했던 세상의 새로운 지평이나 멋진 길을 일러주는 계기로 삼는다. 감사하는 마음은 기쁨을 가져다 준 일들을 붙들려는 욕심으로부터 나를 지킨다. 감사하는 마음은 어떤 것에도 집착하지 않는다. 감사하는 마음은 일어나는 모든 것을 소화할 수 있는 기본자세이다. 감사하는 것은 어떤 일이 진행되는 그 순간과 관련이 있다. 나에게 어떤 일이 일어나고 있음에 감사하고, 현재 내가 감동함에 감사하며, 내게 도전해 오는 그 무엇과 나를 행복하게 하는 것에 감사하는 것이다.

내면의 멜로디

넘치는 행복으로 나아가는 열쇠

놓는 것을 배우라!
이것이 넘치는 행복으로 나아가는 열쇠다.

2000년 이전에 붓다가 한 지혜의 말이다. 그는 세상을 붙잡아 소유하려는 것을 모든 고통의 원인으로 보았다. 그래서 그는 제자들에게 세상과 자기 내면에 항상 거리를 유지하라고 가르쳤다. 오직 그렇게 할 때, 내적 평화로 나아가는 길을 발견할 수 있다는 것이다. 예수님도 같은 지혜를 가르치신다.

자기 목숨을 사랑하는 사람은 목숨을 잃을 것이고,
이 세상에서 자기 목숨을 미워하는 사람은
영원한 생명에 이르도록 목숨을 간직할 것이다.
-요한 12, 25

자기 자신을 꼭 붙들려는 사람, 즉 재산, 건강, 명성 등 반드시 필요하다고 믿는 것들을 붙잡아 두려는 사람은 삶을 잃어버린다. 사물에 집착하는 사람은 그 사물에 붙들린다. 놓아버리는 사람은 자신을 죄어오는 세상에서 자유로워진다. 그는 세상이 제공하는 것을 즐길 수 있다. 그 모든 것에 얽매이지 않기 때문에 존재하는 세상의 아름다움을 인지하고 맛볼 수 있을 만큼 충분한 자유를 누린다.

내면의 멜로디

특별한 기술

세상은 온통 작은 기쁨들로 가득 차 있다.
오직 이들을 읽어내는 기술이 필요할 뿐이다.

이 중국 속담은 세상이 무엇으로 가득 차 있는지 말해준다. 아침에 해가 떠서 온종일 들판을 비추는 기쁨, 가족 구성원들이 건강한 모습으로 아침 식탁에 모여 서로 돕고 의지하는 기쁨이 있다. 일터에서는 동료가 다정하게 인사를 걸어오고 함께 협력해 일을 성취한다. 그리고 일이 끝난 저녁에는 피곤한 가운데에도 충만한 기분으로 집에 돌아와 여유로운 저녁시간을 즐긴다. 이 모두가 큰 기쁨이다.

사물 뒤에 숨어 있거나 사물 내부에 있는 기쁨을 올바로 알아보는 것은 특별한 기술이다. 사람은 행복하기 위해 그 기술을 배우고 익힐 수 있다. 그리고 이것은 지금 당장 시작할 수 있다.

가장 가치 있는 일

가장 가치 있는 일은 큰 기쁨이 아니다.
작은 기쁨을 큰 기쁨으로 만드는 능력이 바로 그것이다.
-진 웹스터

큰 기쁨은 흔치 않다. 모든 것이 이루어지고 모든 원의가 채워진 듯한 순간이 있다. 이때 우리는 큰 기쁨을 느끼며 감사히 받아들일 뿐이다. 웹스터 Jean Webster는 '작은 기쁨을 큰 기쁨으로 만드는 능력'이 삶의 기술이라고 했다. 작은 기쁨은 날마다 주어진다. 신선한 아침, 떠오르는 해, 푸른 하늘, 건강한 나 자신, 누군가를 만나기로 한 약속을 생각하며 미리 누리는 기쁨 등은 날마다 존재한다. 또 점원 아가씨의 밝은 미소, 전화선을 타고 들려오는 친절한 말씨에서도 기쁨이 주어진다. 이런 일상의 작은 기쁨들을 감사히 받아들이는 사람에게는 그 기쁨들이 큰 기쁨으로 변한다.

내면의 멜로디

태양은 어떤 마을도
그냥 지나치지 않는다

종종 삶은 우리를 마치 의붓자식처럼 대한다. 그래서 우리는 언제나 고통을 받고 있다고 생각한다. 그리고 많은 사람들이 남들은 행복의 품에서 지내는데 자신은 언제나 힘들게 살아가고 있다고 느낀다. 그러나 아프리카의 속담은 그렇지 않다고 말한다.

태양은 어떤 마을도 그냥 비껴가지 않는다.

어떤 마을에서 태양이 좀 더 일찍 떠오를 수는 있다. 그렇다고 해서 태양이 다른 마을을 잊고 지나가는 일은 결코 없다. 태양이 그러하듯이 하느님도, 그리고 행복도 마찬가지다. 하느님은 어떤 마을도 그냥 지나쳐 가시지 않는다. 물론 나와 나의 영혼도 그냥 지나치지 않으신다. 하느님은 나의 영혼을 비추시고 다른 영혼들도 똑같이 비추신다. 나의 감각들을 섬세하게 가다듬으면 나의 마음을 비추려는 태양을 감지하게 된다. 아프리카의 이 속담은 우리에게 누구도 소외되지 않는다는 진리를 말하고 있다. 태양은 날마다 새롭게 떠올라 온 집의 구석구석을 비추고 내 마음의 가장 깊은 구석까지도 들어와 밝혀준다.

내면의 멜로디

너 자신이 편하도록 배려하라

어린 시절에 나는 소박한 삶을 살도록 교육받았다. 많은 세월이 흐른 지금도 나는 이것을 결코 부정적으로 생각하지 않는다. 오히려 이 사실에 감사한다. 그런 교육 덕분에 나는 어떤 욕구를 느낄 때 그것을 즉시 실행해야 직성이 풀리는 부류에 속하지 않게 되었다. 나는 어떤 욕구가 일어날 때마다 즉시 채우려는 사람을 많이 알고 있다. 이들은 자아가 강하지 못해 자신의 욕구를 통제하지 못한다. 이들은 자유롭지 못한 욕구의 노예이다. 한편 어린 시절에 나는 내 욕구를 있는 그대로 바라보고 그것을 인정하는 것에 대해서는 제대로 배우지를 못했다. 내가 내 욕구를 진지하게 생각하고 필요한 바를 허락하는 법을 배우기까지는 많은 시간이 걸렸다. 욕구를 진지하게 생각한다는 것이 곧 그것을 즉시 해결해야 한다는 의미는 아니다. 나는 내 안에서 일어나는 욕구를 일단 인정한 뒤, 있는 그대로 둔다. 그리고 그것이 나를 올바른 삶으로 인도하는 것인지 아니면 삶을 방해하는 것인지 관찰한다. 어떤 욕구를 허용하고 어떤 욕구를 멀리할 것인지는 내 선택에 달린 문제이다. 중요한 것은 내가 나 자신과 나의 욕구를 진지하게 생각한다는 점이다. 그렇지 않으면 나는 내적 갈등에 시달리게 될 것이다. 제니퍼 라우든Jenniffer Louden은 다음과 같이 말했다.

자기 자신이 편하도록 배려하기 위해서는
자신의 욕구를 진지하게 받아들이는
용기가 필요하다.

제니퍼의 말은 옳다. 자신의 욕구를 인정하는 데는 용기가 필요하다. 베네딕토 성인은 이 용기Mut를 겸손Demut이라고 했다. 수도자가 자신의 욕구를 인정하는 겸손한 태도를 취하면 인간 존재로서 다른 사람과 살아가는 것이 가능해진다. 베네딕토 성인은 수도규칙에서 다음과 같이 말했다.

적게 필요한 사람은 하느님께 감사해야 하고
슬퍼하지 말아야 한다.
남보다 더 많은 것을 필요로 하는 사람은
자신의 유약함에 대해 겸손한 자세를 가져야 하고
자신이 남보다 더 받는 사실에 우쭐거리지 말아야 한다.
이렇게 하면 모든 회원이 평화 가운데 살게 될 것이다.

내면의 멜로디

적은 욕구를 가진 사람은 이를 감사히 여겨야 한다. 많은 욕구를 가진 사람은 그 욕구를 인정해야 한다. 그리고 이를 극복해야 할 도전으로 생각하지는 말아야 한다. 그렇지 않으면 자기 욕구 뒤로 숨어들 염려가 있다. 그보다는 오히려 자신이 좀 더 많은 것을 필요로 한다는 사실을 인정하는 것이 중요하다. 이것은 공동체에서 평화롭게 살아가기 위한 전제조건이다.

세 가지 사항

좋은 친구, 좋은 책 그리고 편안한 양심.
이 세 가지를 가지면 이상적인 삶을 누린다.

미국의 작가 마크 트웨인Mark Twain은 성공한 삶은 이 세 가지만으로 충분하다고 했다.

좋은 친구는 우리가 결코 혼자가 아니란 확신을 줄 뿐만 아니라, 도움이 필요할 때 언제든 요청할 수 있고 함께 갖가지 좋은 체험을 할 수 있는 그런 존재이다. 이들은 기쁨의 원천이다.

좋은 책은 혼자 있어야 할 시간에 성실한 동반자가 된다. 책을 읽으며 우리는 일상의 나날에 지배되지 않고 자기만의 세계를 구축하며 그 안에서 자유를 호흡하고 삶의 다양한 측면을 알게 된다. 독서를 하는 동안 우리는 자기 영혼의 심층을 만난다. 그리고 마침내 자기 자신을 좀 더 잘 알게 된다. 책은 우리를 매혹시키기도 한다. 저녁시간에 읽은 책은 나의 고유한 세계가 되고 독서를 하는 동안 나는 다른 사람들의 기대에서 자유로워진다.

내면의 멜로디

세 번째로, 우리는 편안한 양심을 필요로 한다. 고요한 시간이 오면 양심의 가책에 시달릴까 두려워하는 사람은 결코 편안함을 누릴 수 없다. 이러한 사람은 삶에서 참된 기쁨을 한번도 제대로 누리지 못한다. 양심의 가책이 지금까지 쌓아온 자신의 삶을 무너뜨릴까 두려워하며 살기 때문이다. 이 두려움 때문에 사람들은 자기 자신으로부터 언제나 도망치려 한다. 그런데도 이 사실을 인정하는 사람은 드물다.

독서의 즐거움

일을 끝내고
저녁에 읽을 좋은 책을 떠올릴 수 있는 것만으로도
그날은 하루 종일 행복하다.

미국의 시인 캐슬린 노리스 Kathleen Noris의 말이다. 나도 그렇다. 좋은 책을 읽으면 잠자리에 들기 전에 한 번 더 그 책 속으로 빠져든다. 때때로 의무적으로 읽는 책도 있다. 이미 읽기 시작했기 때문에 끝까지 읽어야겠다는 생각으로 읽는 책도 있다. 그러나 너무나 매혹적이고 재미있어서 도저히 손에서 놓을 수 없는 책이 있다. 나는 휴가기간에 긴 산책을 즐긴 뒤 소설을 읽는다. 일상적인 생활이 지속되는 중에는 자주 고전적인 영성 서적을 읽는다. 이러한 책의 세계는 여러 가지 약속과 기대로 가득 찬 외부 세계를 상대화한다. 나는 책 속에서 나의 영혼과 일치하는 세계로 빠져들며 그것은 나에게 좋은 영향을 준다. 책은 정신과 영혼의 양식이다. 한 권의 재미있는 책을 읽을 수 있는 저녁을 떠올릴 수 있다면 그날 하루는 이미 낮부터 다르다.

내면의 멜로디

작은 기쁨들을 쪼아 먹어라

많은 사람들이 큰 행복을 기다린다. 그리고 그것이 오지 않아 실망한다. 큰 행복만 찾기 때문에 일상의 바닥에 이미 놓여 있는 수많은 작은 기쁨들을 지나치고 만다. 테오도르 폰타네는 그래서 이렇게 조언한다.

큰 행복이 오기까지 매일 매순간 작은 기쁨들을
쪼아 먹어라. 비록 큰 행복이 오지 않더라도
최소한 작은 기쁨이라도 많이 누리도록.
큰 행복은 오지 않을 가능성이 크다.

수많은 작은 기쁨은 누구나 찾을 수 있다. 늘 존재하기 때문이다. 그냥 쪼아 먹기만 하면 된다. 그런데 닭이 땅바닥에서 모이를 쪼아 먹듯이 몸을 굽히고 땅에서 찾아야 한다. 허공에서 찾는 사람은 자기 발 아래 놓인 수많은 작은 기쁨들을 보지 못하고 지나친다.

기쁨의 근원 99가지

이슬람은 신의 이름을 99개나 알고 있다. 100번째 이름은 알라에게 해당되며 사람은 결코 알 수 없는 비밀이다. 마르틴 발저Martin Walser는 신의 이름 99개를 기쁨의 근원 99가지에 연결했다. 마르틴에게 기쁨은 신적인 어떤 것이다. 그래서 신을 위한 이름이 99개나 되는 것처럼 기쁨을 위한 근원도 99가지나 된다고 했다. 기쁨 안에서 우리는 하느님께 동참한다. 마르틴 발저가 말하는 기쁨의 근원 99가지는 다음과 같은 것들이다.

어떤 것을 나눌수록 그것이 더욱더 많아지는 것.
혼자만 가지면 기쁨을 느낄 수 없는 것.
손님의 입이 포도주의 맛을 좋게 하는 것.

자신에게 매우 소중한 것을 다른 사람과 나누면 가난해지는 것이 아니라 오히려 부유하게 되는 것은 경이로운 일이다. 이는 성경에 나오는 빵을 나누는 사건과 같다. 사도들이 나눈 빵은 점점 더 많아졌다. 결코 줄어들지 않았다. 어

내면의 멜로디

떤 것을 혼자만 가지려 하면 기쁨을 누릴 수 없다. 재산이나 지식 또는 아름다운 그림과 같은 소중한 것을 나 혼자만 가지려 하면 많은 에너지가 필요하다. 아름다운 그림을 혼자 보면서 기뻐할 수는 있다. 그러나 그것을 다른 사람들이 볼 수 없도록 숨겨두려면 여간 힘든 것이 아니다. 그 그림을 볼 때마다 그것을 보여주고 싶지 않은 다른 사람들을 의식해야 한다. 참된 기쁨은 다른 사람들에게 전달되고 싶어한다. 그렇게 하면 그 기쁨이 커진다.

마르틴 발저는 이것을 좋은 표상으로 보여준다.

손님의 입은 포도주의 맛을 좋게 한다.

좋은 포도주를 손님과 함께 마실 때 비로소 그 포도주는 제 맛을 낸다. 혼자 그 포도주를 마실 때는 친구와 마시는 것만큼 즐길 수 없다. 친구의 즐거움은 나의 즐거움을 심화시킨다. 좋은 포도주에 대한 손님의 칭송은 나에게도 그 포도주의 맛을 좋게 한다.

초대

미소는 사람과 사람 사이에 가장 가까운 길이다.

빅터 뵈르게Victor Borge의 말이다. 미소는 이전까지 알지 못했던 낯선 사람들을 서로 가까워지게 한다. 어느 가게에 들어갔을 때 점원이 나를 보고 미소 지으면 물건을 사고파는 익명의 비즈니스 세계 한가운데서 인간적인 관계가 성립한다. 그 미소 하나로 서로 낯설던 무엇이 걷혀버린다. 거리가 단축되고 다리가 놓인다. 물론 물건을 팔기 위해 훈련된 인위적인 미소도 있다. 그 인위적인 미소는 어떤 관계도 맺지 못한다. 억지 미소는 미소를 지은 그 사람에게만 머물고 만다. 고객은 점원이 지은 미소가 그를 환영하는 미소인지 단순히 물건을 팔기 위한 미소인지 금방 알아차린다. 또 미소 중에는 다른 사람들이 접근하지 못하도록 신호를 보내는 냉정한 미소도 있다. 물론 마음으로부터 오는 미소도 있다. 그런 미소는 즉시 서로를 가깝게 하고 이해하게 만든다. 다른 사람들을 받아들이고 그로 하여금 마음을 열게 한다. 상대방이 자신을 받아들이고 이해

내면의 멜로디

하며 진실하게 대하고 있음을 느낄 수 있다. 그리하여 비판받지 않는다는 믿음으로 자신의 생각을 말할 수 있게 된다. 이렇듯 미소는 그들을 대화로 초대한다. 미소 지은 사람에게 말을 걸고 나눔의 시간을 갖고 싶은 마음이 생긴다.

내가 아는 어떤 남자는 어느 작은 가게에서 한 점원과 이야기를 나누면서 얼마나 큰 기쁨을 느꼈는지 말해주었다. 그녀와 대화를 나누면서 그는 금방 친밀감과 신뢰를 느낀 동시에 자유도 느꼈다. 서로 자신의 이익을 위해 상대방을 이용하려들지 않았기에 편안함을 느꼈다. 그는 종종 자기 자신을 희망이 없는 존재라고 비난했는데, 이러한 체험을 통해 자신이 결코 그런 존재가 아니란 느낌을 가지게 되었다고 한다. 그는 이 작은 만남을 통해 다시 사람들과 좋은 관계를 맺을 수 있는 용기를 갖게 되었고 다른 사람들의 친절한 눈빛과 미소를 기뻐하게 되었다.

방문

서둘지 말라. 걱정도 하지 말라.
너는 이곳에 오직 짧은 순간 방문했을 뿐이다.
그냥 멈춰 서서 꽃들의 향기를 맡아보라.

발터 하겐Walter Hagen은 이 말로 우리에게 영감을 불어넣는다. 그는 우리가 삶을 어떻게 즐길 수 있는지 보여준다. 우리는 이 땅에 온 작은 손님에 지나지 않는다. 마치 사랑하는 친구를 방문한 것처럼 우리의 시간은 한정되어 있다. 그러니 우리는 서둘 필요도 없고 걱정거리로 골머리를 앓을 필요도 없다. 그냥 잠시 들렀을 뿐이므로. 발터 하겐은 우리가 여기서 꽃향기를 맡는 일을 놓쳐서는 안 된다고 회화적인 표상을 동원하여 말한다. 꽃향기를 맡는 것은 자기 자신을 잊고 온전히 현재 이 순간에 몰입해 삶을 살아간다는 의미다.

어딘가를 방문할 때, 사업을 벌이거나 많은 것을 보기 위해 바삐 돌아다니는 것으로 시간을 온통 소비해서는 안 된다. 주어진 길지 않은 시간에 느긋한 여유를 가지고 즐겨야

내면의 멜로디

한다. 꽃향기를 맡는다는 표현은 이 땅에서 손님으로 살아가는 일에 성공해야 한다는 의미로 받아들일 수 있다. 방문한 가정이 지닌 문제에 휩쓸릴 것이 아니라 꽃들에게 다가가 그 향기에 취해야 한다. 이런 자세가 방문한 가정의 문제를 해결하려고 나서는 것보다 손님으로서 취할 더 바람직한 자세이다.

이것은 우리 삶 전체에도 해당된다. 삶이 단지 짧은 순간의 지속일 뿐이란 사실을 항상 염두에 둔다면 우리는 시간을 더욱 의식해서 사용하게 된다. 그리고 이 짧은 시간에 자기가 체험하는 아름다운 요소들을 고요히 즐기며 자기 안에 깊이 자리 잡게 한다. 마치 꽃향기처럼.

데이지 꽃의 지혜

업적이 전부는 아니다. 이 사실을 나딘 스테어Nadine Stair는 자신의 삶을 회상하면서 알게 되었다.

만약 나의 삶을 다시 한 번 살 수 있다면
나는 데이지 꽃을 좀 더 많이 꺾어 모을 것이다.

사회적으로 크게 성공한 그녀는 자신이 이룬 업적에 대한 자부심이 크다. 자신의 업적을 결코 과소평가하려 들지 않는다. 그러나 한 가지는 다르게 하고 싶다. 단순한 일, 아무런 목적의식을 갖지 않아도 되는 일을 위한 시간을 좀 더 갖고 싶다는 것이다. 그녀는 땅에 주저앉아 데이지 꽃의 아름다움에 취하고 싶다. 그것을 꺾어 꽃다발을 만들고 싶다. 자기 손으로 직접 만든 데이지꽃다발은 화원에서 산 갖가지 멋진 꽃으로 만든 꽃다발보다 더 가치가 있다. 자신이 만든 꽃다발에는 자기 자신의 시간과 정성이 들어 있고 사랑과 멋 그리고 아이디어가 들어 있다. 그 속에 좀 더 많은 자신의 자유가 들어 있다. 이로써 그녀는 삶에 대한 즐거움을 더 많이 가질 수 있다. 더 큰 기쁨도 함께!

맥주 집의 행복

바이에른에서는, 특히 뮌헨과 그 주변 지역에서는 수많은 사람들이 함께 앉을 수 있는 넓은 정원이 딸린 맥주 집을 방문하는 것이 여름날 여가시간을 활용하는 문화가 되었다. 바이에른 지방에서는 이 방문에 'Einkehren'이란 단어를 사용한다. 이 단어는 독일에서 "성찰" 또는 "피정"을 의미한다. 작가 프란츠 헤레Franz Herre는 「행복은 손안에 있다」는 아름다운 제목의 책에서 다음과 같이 말한다.

맥주 집에 들어감Einkehren이
곧 자기 자신에게로 들어가는 것이 될 수 있다.

실제로 날씨가 맑고 온화한 어느 날 저녁, 맥주 집 정원에 들어가 커다란 마로니에 나무 아래에 놓인 소박한 탁자와 의자에 자리 잡고 앉아 단순한 음식과 맥주를 음미하면서 즐기노라면, 일치를 이룬 몸과 마음의 피로가 회복됨을 느낄 수 있다. 이 시간은 많은 이들에게 휴식과 회복의 기회

내면의 멜로디

가 된다. 이곳에서는 친구들을 만나 특별한 목적 없이 대화를 즐긴다. 중요한 일을 상의하거나 무거운 대화를 나누지도 않는다. 그저 평화로운 저녁시간을 만끽하며 질 좋은 맥주를 즐긴다. 이때에는 가능한 한 말을 적게 하고 실존하는 것에 집중하는 것이 좋다. 헤레는 다음과 같이 쓰고 있다.

소박한 행복의 고요한 맛을 즐기자.

프란츠 헤레는 이 시간을 통해 자기 자신으로 돌아올 수 있다고 말한다. 주변 풍경이 훌륭하고 전원풍의 정원이어야만 가능한 것은 아니다. 뮌헨 지방의 시끄럽고 피상적인 분위기 속에서도 나는 자주 나 자신에게로 돌아와 나와 함께 있을 수 있다. 내가 나와 함께 있으면 시끄러운 현장 한복판이라도 삶을 즐길 수 있다.

자신을 집어삼키지 말라

즐기지 않는 사람은
오래지 않아 즐길 줄 모르는 사람이 된다.

여러 가지 체험과 사람에 대해 알게 된 지식은 이 속담이 옳음을 증명한다. 그러나 이것은 사물의 한 면일 뿐이다. 로드 체스터필드Lord Chesterfield의 다음 말도 나름대로 진리를 지닌다.

삶이 지닌 모든 즐거움을 전부 누리려는 사람은
어떤 즐거움도 누릴 수 없다.

즐기는 일은 포기하는 능력을 전제로 한다. 언제나 즐기려는 사람은 자신의 공간을 좋은 물건들로 가득 채우기에 바빠서 오래지 않아 어떤 즐거움도 느낄 수 없게 되고 만다. 그는 무언가를 즐기면서도 자기 자신을 잊지 못한다. 언제나 또 다른 즐거움을 추구하기 때문에 자기 안에 머물 수 없다. 결국 그는 오래지 않아 어떤 즐거움도 누릴 수 없게 된

내면의 멜로디

다. 즐기는 것에는 조화와 절제가 필요하다. 한계를 지을 줄 모르고 무한정 즐기려고 집어삼켜 대는 사람은 곧 자기 자신을 집어삼키고 만다. 최후에는 과도한 욕구와 채워지지 않는 욕망 속에서 언제나 실망만 느낀다. 그리스에는 다음과 같은 말이 있다.

적은 것으로 만족하지 않는 사람은
어떤 것으로도 만족할 수 없다.

미리 느끼는 기쁨

기다리는 것도 기술이다. 나는 이 기술을 아직도 제대로 익히지 못했다. 길을 가다가 주유소에서 기름을 넣고 돈을 지불하려고 기다리는데 앞사람이 계산원에게 뭔가 꼬치꼬치 캐물으며 시간을 끌었다. 나는 내가 얼마나 인내심이 부족한지 체험했다. 계산을 하고 다시 길을 떠나기 위해 나는 어쩔 수 없이 기다린다. 그러나 이와 다른 기다림도 있다. 즐거운 일을 앞두고 나는 기쁜 마음으로 그것을 기다린다. 이 기다림은 그 차원이 사뭇 다르다. 이때 나는 앞으로 다가올 즐거움에 이미 참여하고 있다. 에프라임 고트홀드 레싱Ephraim Gotthold Lessing의 다음과 같은 글은 그런 기다림을 의미했음이 틀림없다.

즐거움을 기다리는 것 역시 즐거움이다.

어린 시절 성탄절을 고대하는 우리의 기다림은 이미 기쁨으로 가득 차 있었다. 축구경기를 보기 위해 열정을 품고 뮌헨 경기장으로 달려가던 청소년기의 우리는 이미 큰 기

내면의 멜로디

쁨과 더불어 그 길을 갔다. 경기장에서 경기가 시작되기를 기다리는 동안 기쁨은 더 커진다. 이윽고 경기가 진행되면 그것을 보는 즐거움은 이루 말할 수 없었다. 또 집으로 돌아오는 길에는 경기에 대해 이야기를 나누며 큰 기쁨을 누렸다. 때로는 우리 편이 지기도 하고 그래서 슬픈 적도 있지만 우리가 미리부터 가졌던 그 모든 기쁨은 누구도 빼앗아갈 수 없다.

하늘나라로 가는 길

하늘나라는 영원한 행복의 총체적 개념이자 우리 삶의 목표이다. 그러나 하늘나라가 우리의 구체적인 삶과 무관하다면, 이 세상에는 없고 저 세상에만 있는 것이라면 그것은 아무것도 아니다. 살아 있을 때 많은 고통을 겪었던 뛰어난 신비가 아빌라의 데레사 성녀는 다음과 같이 말했다.

하늘나라로 향한 길 자체가 하늘나라이다.

성녀는 당시 남성 중심적인 교회에서 많은 고통과 더불어 의혹을 받았다. 그녀가 쓴 책은 부분적으로 금서 목록에 들어갔고 심지어 불태워지기까지 했으며 쇄신된 새로운 수도회를 건립했을 때 강한 불신의 대상이 되기도 했다. 그리고 성녀는 몸이 자주 아팠다. 그럼에도 불구하고 성녀는 삶이 제공하는 아름다운 면을 보는 안목을 지니고 있었기에 삶을 즐길 수 있었다. 불평을 잘하기로 소문난 어떤 수녀가 성녀에게 너무 느슨한 삶을 사는 것이 아니냐는 비난의 화살을

내면의 멜로디

쏘아댔을 때 성녀는 다음과 같이 대답했다.

단식할 때는 단식을 하고,
고기를 먹을 때는 고기를 먹읍시다.

그녀의 목표는 하느님을 체험하는 것이었다. 이 길은 때로는 어둠 속으로 나 있었지만 성녀는 이 길을 통해 오늘날까지도 해당되는 어떤 것을 마음속으로 깨달았다. 삶의 목표인 하늘나라는 이미 자신이 걸어가는 길 도처에서 빛나고 있다. 목표는 이미 존재한다. 내가 해야 할 일은 오직 눈을 들어 바라보는 것이다. 그러면 내 위에 있는 하늘나라를 보게 될 것이다. 이 하늘나라는 내가 언제나 동경해 온 그 하늘나라에 대한 표상이다. 그러나 하늘나라가 내 위에만 있는 것은 아니다. 앙겔루스 실레시우스Angelus Silesius는 우리에게 다음과 같이 말한다.

하늘나라는 네 안에 있다.

우리가 만나러 나아가는 하늘나라는 이미 우리 안에 있다. 그래서 하늘나라로 나아가는 길 자체가 이미 하늘나라이다. 우리의 의식 세계 안에서 하늘나라가 자주 사라지거나, 어두운 구름이나 궂은 날씨 때문에 가려지더라도 우리 안에 있는 하늘나라는 결코 어두워질 수 없음을 나는 확신한다. 비록 외부에서 모진 폭풍이 불어오고 흐린 날씨가 계속되어도 마음의 평화와 빛은 언제나 밝고 확고하다.

내면의 멜로디

땅에서 약간 위로 올라가

행복하게 존재하는 것은
언제나 땅에서 약간 위로 올라가
거리를 두고 바라볼 때 시작된다.

-칼 크롤로

우리는 행복에 겨워하는 사람을 보면 흔히 '공중에 붕 떠 있다'는 표현을 쓴다. 이 표현은 부정적으로 사용될 때도 있다. 현실을 똑바로 바라보려 하지 않는다는 의미로 말이다. 그러나 긍정적인 의미로는 어떤 사람이 현실과 약간 거리를 두고 위에서 내려다봄을 뜻한다. 그 사람은 위에서 아래를 내려다보며 새로운 시각을 지니거나 넓고 멀리 보기도 한다. 꿈속에서 우리는 종종 날아다니기도 한다. 몸이 가벼워져 공중으로 떠올라 지상의 세계를 내려다본다. 이때 우리는 지상에서 우리를 둘러싸고 괴롭히던 여러 가지 문제에 더 이상 매이지 않는다. 마치 연처럼 하늘 높이 떠올라 저 아래에서 전개되는 갖가지 문제를 비롯해 모든 것을 내려다본다. 그러면 그 모든 것은 상대화되고 작아진다. 우리는 더 이상 그 속에 뒤섞여 있지 않게 된다. 우리는 그 모든 것들과 거리를 유지하는 동시에 자유를 얻는다. "행복은 위로 올라가 땅을 바라볼 때 시작된다"고 말한 시인 칼 크롤로Karl Krolow는 분명 이 체험을 했던 것 같다. 이 땅에서 전개되는 온갖 고통에 더 이상 시달리지 않는 사람은 행복하다. 더불어 무중력 상태에서 이리저리 날아다니며 존재의 가벼움을 기뻐하는 사람도 행복하다.

삶을 밝고 명랑하게 바라보자

- 삶의 경쾌함에 대해

내면의 멜로디

명랑한 마음

맑은 하늘 아래서 모든 것이 성장한다.

작가 장파울Jean Paul의 말이다. 이 말은 심리학적이고 영성적인 통찰의 결과이다. 그리고 매우 오래된 말이기도 하다. 초기 수도회에서 명랑한 마음은 영적인 사람의 표시였다. 베네딕토 성인은 넓은 마음에 대해 말했다. 명랑한 마음은 언제나 넓은 마음이며 온전히 부드럽기도 하다. 이런 마음은 남을 심판하지 않으며 자기 주변에 기쁨을 확산시킨다. 인도게르만어에서 '명랑함Heiterkeit'은 "비추다, 빛나다"라는 의미를 지닌 'kai'에서 유래한다. 이에 따르면 명랑함은 내적인 명백함, 투명함을 의미한다. 맑은 하늘을 보면 기분이 좋아지는 체험은 날씨에 민감한 사람만 하는 것이 아니다. 좋은 날씨는 사람들에게 좋은 영향을 주고 좋은 기분을 갖게 한다. 일기예보는 자주 "대체로 맑고 가끔 구름이 조금 끼겠습니다"라고 말한다. 해가 떠오르면 하늘은 맑다. 약간의 옅은 구름이 해를 가리면 햇빛은 부드러워진다. 한여름의 해처럼 강렬한 빛으로

부담을 주지 않고 편안하고 부드러운 빛으로 우리를 평온하게 해준다. 이 햇빛은 우리의 기분과 건강에 특별히 좋다.

맑은 하늘 아래서 모든 것이 성장한다.

얼마나 참된 진실인가! 과일은 맑은 하늘 아래서 가장 잘 익는다. 맑은 날 과일은 햇빛을 받고 이따금 그늘도 만난다. 사람의 심리에도 맑은 날은 축복이다. 해가 너무 강렬하면 사람들은 시원한 그늘을 찾지만 적당한 구름이 있는 맑은 날에는 산책을 즐긴다. 자기 주변에 펼쳐진 분위기에 동참하고픈 것이다. 사람의 마음도 맑고 밝아진다. 이런 사람은 다른 사람 때문에 쉽게 어두워지지 않는다.

내면의 멜로디

어떻게 받아들이는가

근본적으로 불행은
우리가 그것을 어떻게 받아들이는가에 따라
그만큼만 우리를 힘들게 한다.

이 말로 오스트리아의 여류 시인 마리 폰 에브너에셴바흐는 우리가 체험하는 모든 것이 우리 자신과 우리의 해석에 달려 있다는 사실을 표현하고자 했다. 우리는 이미 일어난 불행한 사고를 바꿀 수는 없다. 자동차 사고를 당하기 전의 상태로 되돌아갈 수는 없는 것이다. 그러나 우리는 그 일로 목숨을 잃지 않은 것에 대해 감사할 수는 있다. 물론 모든 것을 자의적으로 해석해서는 안 된다. 친하게 지내던 사람이 사고로 목숨을 잃은 사실을 우리는 결코 가볍게 생각할 수 없다. 가슴 깊이 슬픔이 파고든다. 이 슬픔을 그대로 허용하는 것이 우리에게 좋다. 그러나 슬픔을 언제까지 허용할 것인지는 우리에게 달렸다. 그 사실로 일생 동안 고통을 당할 수도 있고 슬픔의 과정을 겪은 후 강하게 새로운 삶을 시작할 수도 있다.

마리 폰 에브너에셴바흐는 일상생활에서 일어나는 여러 작은 불행을 염두에 두고 앞의 말을 했다. 우리에게 다가오는 상황을 어느 정도의 진지함으로 대응할 것인지는 우리에게 달려 있다. 우리는 일상의 작은 난관들에 깊이 빠져 삶 자체에 의혹을 가질 수도 있다. 아니면 그것을 우리의 성장을 위한 하나의 도전으로 여길 수도 있다. 행복은 우리의 마음에 있다. 선택이 우리 손에 놓여 있기 때문이다.

내면의 멜로디

유머 감각을 가지면 수월하다

질서는 좋은 것이다. 질서는 삶에서 즐거움을 느낄 수 있는 여유 공간을 마련한다. 그러나 질서가 전부는 아니다.

> 우리가 아무리 질서정연하게 살아가려고 노력해도
> 어느 날 갑자기 죽음을 맞을 수도,
> 한쪽 다리를 잃을 수도, 접시를 깨뜨릴 수도 있다.

나탈리 골드버그 Natalie Goldberg의 말이다. 질서정연하게 살아가는 것은 좋은 일이다. 그러나 질서가 우리 삶을 완전히 장악할 수는 없다. 우리가 오랫동안 건강하게 살아가리라는 보장은 없으며 어느 날 갑자기 죽을 수도 있다. 고속도로에서 연쇄충돌한 자동차의 틈바구니에 끼어 고역을 치를 수도 있다. 그러므로 회사에서 노동자의 노동시간을 관리하는 것처럼 우리 삶을 그렇게 조절할 수는 없다. 삶을 우리 의지대로 관리하려고 하면 할수록 삶은 더 우리의 통제에서 벗어난다. 건강만 그런 것이 아니다. 삶에서 일어나는 작은 불행도 마찬가지다. 우리는 모든 것을 올바로 처리하려 한다. 그러나 오랫동안 기다려온 귀중한 손님을 대접하려고 음식을 준비했다가 그릇이 바닥에 떨어져 깨져버릴 때가 있다. 그러면 오랜 시간 정성을 들여 준비한 음식이 처치 곤란한 쓰레기가 되고 만다. 삶은 우리가 수많은 우연성을 고려할 때, 전혀 예상치 못한 사건이 발생해 손실이 생길 것을 감안할 때 비로소 성취될 수 있다. 우리가 질서정연한 삶을 살고자 할 때는 유머감각이 필요하다. 우리가 세운 계획을 방해하는 혼란과 예상치 못한 일들이 자주 일어나더라도 다가오는 대로 받아들일 수밖에 없기 때문이다.

내면의 멜로디

민간에서 전해지는 지혜

일반적으로 평범한 사람들의 대화에서 종종 유머가 담긴 지혜가 배어 나온다. 베를린 크로이츠베르크Berlin-Kreuzberg의 어느 지저분한 주택가에서 읽을 수 있는 다음 글도 마찬가지다.

웃어라, 그러면 세상도 당신과 함께 웃을 것이다.
울어라, 그러면 오직 당신의 얼굴만 젖을 것이다.

우리가 웃으면 사람들이 마음을 열고 다가온다. 웃음과 더불어 공동체가 형성된다. 웃는 사람 옆에는 언제나 사람들이 모이고 이들은 그와 함께 웃고 싶어한다. 나는 며칠간 지속되는 피정을 지도하거나 연수에 참여할 때 이런 모습을 자주 목격한다. 식사시간에 식탁에 모여 앉은 사람들 가운데 신나게 웃으며 식사하는 팀이 생긴다. 그러면 옆 자리에 있던 다른 팀 사람들이 그들을 쳐다보며 함께 웃을 수 있기를 원한다. 때로는 식당 안에 있는 모든 사람들이 웃음에 동참하기를 원하기도 한다. 웃음은 사람을 끌어당긴다. 사람들은 웃는 자리에 함께하기를 원한다.

  울음은 자주 사람을 외롭게 만든다. 울고 있을 때 다정다감하게 다가와 위로를 던지는 사람을 만나는 경우도 있다. 그러나 그보다는 주변 사람들로부터 울음을 그치라는 말을 듣는 경우가 더 많다. 민간에서 전해지는 지혜는 우는 사람은 혼자 남게 된다는 사실을 빈정거리듯 표현한다. 우는 이는 자신의 얼굴만 적실 뿐이다. 우는 것으로는 어떤 것도 얻지 못한다.

  물론 이것은 동전의 한 면이다. 때로는 우는 것이 치유에 도움이 되기도 한다. 실컷 울고 나면 안에 있던 슬픔을 어느 정도 해소할 수 있다. 그러나 자신에 대한 동정심에서 울 때는 자기 안에 어떤 변화도 일어나지 않는다. 그리고 울음 속에 빠져 결국 자기 얼굴만 적시고 만다.

삶을 밝고 명랑하게 바라보자

내면의 멜로디

웃는 사람은 살아 있다

웃는 사람은 그것으로 자신이 살아 있음을 드러낸다.

이탈리아의 민속학자 마리아 카테리나 야코벨리Maria Caterina Jacobelli는 여러 민족의 수많은 신화와 민담을 살펴 본 결과 위의 결론에 이르렀다. 웃음은 생생하게 살아 있는 사람의 본질적인 특성에 속한다. 많은 민족에게 웃음은 단순히 삶의 시작을 의미할 뿐 아니라 삶을 제공하는 요소이기도 하다. 사라는 아들 이사악에 대해 다음과 같이 말했다.

하느님께서 나에게 웃음을 가져다주셨구나.
-창세 21, 6

그리스 사람들은 웃음을 신의 특성으로 보았다.
웃음은 삶을 충만하고 활기 있게 한다. 웃음은 신이 되는 방법 중 하나이다.

그칠 줄 모르는 웃음

고대 그리스의 종교는 밝고 명랑한 분위기였다. 올림피아의 신들은 즐겨 웃었다. 호머는 그들의 웃음에 대해 자주 언급했고, 우리가 그칠 줄 모르는 웃음을 호머적인 웃음homerisches Geächter이라고 하는 데는 그런 이유가 있다. 그리스인들이 다양한 웃음을 표현하는 여러 가지 단어를 알고 있는 것은 웃음이 그들에게 얼마나 중요한 주제였는지를 알려준다. 조잡한 위트는 보몰로키아bomolochia, 웃음을 자아내는 코믹은 겔로이온geloion, 조소를 뜻하는 겔로스gelos, 장난이나 놀이를 하면서 웃는 것은 파이디아paidia, 밝고 명랑한 웃음은 힐라로테스hilarotes이다. 명랑과 밝음과 웃음을 그리스 종교의 특징으로 본 프리드리히 실러 이래로 사람들은 '명랑한 그리스인'이라는 표현을 자주 사용한다.

그리스의 철학 역시 명랑과 웃음을 받아들였다. 데모크리토스는 언제나 웃는 철학자로 통했다. 인간의 어리석음을 간파하고 있었기 때문이다. 소크라테스도 죽음의 면전에서 일종의 명랑한 태도를 취했다. 플라톤은 최상의 요소들에

내면의 멜로디

대해서는, 심지어 신들의 요소에 대해서조차도 오직 농담과 진담을 섞어야만 말할 수 있다고 보았다. 그에게 명랑함은 신들의 본질이었다. 그의 확신에 의하면 인간은 웃을 수 있는 능력을 가진 유일한 존재이다. 그러므로 인간은 신을 닮아야 하고 그렇게 되자면 지속적으로 명랑한 태도를 지니도록 노력해야 한다. 스토아학파 철학자들에게 '명랑한 감정'은 삶의 이상이었다.

명랑한 영혼

교부들은 고대 그리스의 명랑함이 지닌 긍정적인 측면을 받아들였다. 교부들은 단지 냉소나 다른 사람을 우스꽝스럽게 만드는 것과 같은 비뚤어지고 병든 부분을 비판하고 거부했을 뿐이다. 그리스도인들의 웃음과 명랑함에 대해 가장 진지하게 고찰하고 글을 쓴 사람은 알렉산드리아의 클레멘스Clemens von Alexandrien이다. 그는 그리스도인의 웃음에 대한 규칙까지 제시할 정도였다. 웃음은 사람에게 자연스러운 것이다. 그러므로 웃음을 억누르지 말아야 한다. 그렇다고 해서 웃을 수 있어야 한다는 것이 항상 웃어야만 한다는 의미는 아니다. 말도 언제나 히힝거리기만 하는 것은 아니다. 클레멘스는 이러한 고찰의 결과로 그리스도인이 명랑하게 지낼 수 있는 이상적인 방법까지 생각해냈다. 명랑하고 밝은 영혼은 투명한 내면을 지니고 있어서 마음의 하늘을 덮은 어두운 구름에 의해서도 흐려지지 않는다.

서방의 위대한 신학자 아우구스티노도 명랑함을 매우 높이 샀다. 그는 교리를 가르치다가 누군가 하품을 하면 그 사

내면의 멜로디

람이 재미있는 유머를 이야기하도록 했다. 그 자신도 강론할 때 종종 위트를 동원했다. 그래서 그의 글에서 '위트와 함께 말했다$^{ioco\ dictum}$'라는 표현을 자주 볼 수 있다. 우리 시대의 뛰어난 신학자들, 즉 칼 바르트$^{Karl\ Barth}$, 헬무트 틸리케$^{Helmut\ Thielicke}$, 칼 라너$^{Karl\ Rahner}$ 등은 마음에서의 진정한 웃음과 내적 명랑을 즐겼다. 이런 저런 온갖 종류의 우울증이 산재하고 있는 오늘날, 삶에 힘을 불러일으키는 즐거움과 명랑함 그리고 웃음을 다시 발견하는 일과 즐거움을 누릴 수 있는 길을 제시하는 일은 신학과 영성의 중요한 과제가 되었다. 물론 서툰 코미디로 억지웃음이라도 짓게 하려고 애쓰는 놀이 사회에 머리를 숙이며 신세를 지지 않으면서 이 과제를 성공적으로 수행해야 한다.

부활축제의 웃음

이탈리아의 민속학자 마리아 카테리나 야코벨리는 어느 저서에서 부활축제의 웃음에 대해 썼다. 중세에는 부활축제 미사를 봉헌하면서 신자들에게 웃음을 선사하기 위해 위트 있는 이야기를 하는 풍습이 있었다고 한다. 연구자들에 의하면 이 부활축제의 웃음은 이집트 시대까지 거슬러 올라간다. 당시 제사의식에서 웃음은 확고한 자리를 차지했다. 이집트의 빛, 건강, 생산 및 죽음의 신인 오시리스Osiris를 찾은 사흘째 되는 날에 사람들은 활짝 핀 웃음과 함께 큰 축제를 지냈다. 부활축제의 웃음은 분명 3일 만에 일어난 예수님의 부활과 연관이 있다. 부활축제의 웃음은 중세 교회에서 많은 사람들의 호감을 샀다. 그러나 주교들은 이 풍속을 제지하려고 상당한 노력을 기울였다. 주교들의 생각에 그것은 거룩한 장소인 성당에는 어울리지 않았던 것이다. 게다가 사제들이 말한 대부분의 위트가 성적인 요소를 담고 있었다. 그러나 신자들은 이 위트를 통해 부활축제의 기쁨이 죽음을 이겼다는 느낌을 강하게 가졌던 것이 분명하다. 부활은 죽음에 대한 삶의 승리를 의

내면의 멜로디

미한다. 삶은 당시에도 사람들을 기쁨과 연결시켰다. 삶은 즐거운 것이다. 정신적으로만 아니라 육체적인 면에서도 즐겁다. 예수님은 부활절에 육체를 지니고 부활하셨다. 중세시대에 성性은 사제들에게도 이 즐거움을 가장 분명하게 알려주는 요소였다. 그때까지도 전례는 즐거움과 연결되어 있었다. 당시 사람들은 절제해야 하는 사순시기가 끝나고 부활절을 삶에서 다시 즐거움을 누리는 시기가 도래한 것으로 이해했다. 웃음은 즐거움과 관련된다. 즐거움은 또한 언제나 몸과 연계되고 성과 연결된다. 일반 백성이 거룩한 영역에서 웃음을 누린다는 것은 부활에 대한 본질적인 체험과 연계를 이룬다. 그리스도는 죽은 사람들 가운데서 몸과 함께 부활하셨다. 그분의 몸은 하나의 새로운 품위를 받았다. 그분의 몸은 하느님의 영광 안으로 들어 높여졌다. 그러므로 웃음은 부활에 대한 적절한 표현방식이었다. 웃음에서 삶과 육체에 대한 긍정이 표현되어 나온다. 이것은 또한 새로운 삶의 시작을 의미했다. 부활축제 때에 성당은 사람들로 넘쳐났다. 모든 사람은 설교자의 부활 위트를 기다렸다. 이들은 절제의 기간이 끝난 뒤 다시 마음으로부터 활짝 웃을 수 있기를 갈망했다. 봄이면 어디서나 꽃을 피우는 자연의 생명력처럼 자신들 안에서도 웃음이 새로운 삶을 불러일으킨다고 믿었다.

부활축제에 웃음만 있었던 것은 아니다. 다른 지역에서는 부활절에 성당 안에서 춤을 추는 것이 일반적인 풍습이었다. 사람들은 모든 사슬로부터 삶이 해방된 것을 기뻐하며 춤추고 싶었던 것이다. 우리는 다음과 같은 사실을 언제나 상기해야 한다.

종교적 표현은 온전히 생동적인 어떤 것이다.
영성은 몸 깊은 곳에서도 느낄 수 있는 것이어야 한다.

내면의 멜로디

웃음은 하느님을 찬미하는 것

웃음은 하느님을 찬미하는 것이다.
왜냐하면 웃음은
인간을 인간으로 존재하게 하기 때문이다.

우리 시대의 뛰어난 그리스도교 사상가 칼 라너의 말이다. 칼 라너는 자기 자신에 대해서도 웃을 수 있었던, 스스로를 그리 대단한 존재로 여기지 않은 신학자였다. 그는 마치 어린아이처럼 감동할 수 있었다. 그는 딱따구리가 나무를 쪼는 것을 보고 그렇게 해도 그 새의 머리가 괜찮을까 하고 염려했다. 그는 어린아이처럼 기뻐할 수 있었다. 아이스크림 하나를 손에 들면 그 이상 바랄 것이 없는 듯 모든 복잡하고 깊이 있는 질문을 완전히 잊어버릴 수 있었다. 학문적 회의에 초대를 받아 파리에 가야만 했을 때는 에펠탑에 올라갈 수 있는 것을 가장 즐거워했다. 출판사에서 그의 75세 생일을 축하하려 했을 때는 그가 알고 지내던 어린이합창단을 그 자리에 초대할 수 있도록 허락받은 것을 가장 큰 기쁨으로 여겼다. 이 위대한 사상가는 예리하고 뛰어난 정신력을 소유하고 있었지만 어린이와 같은 정서도 잘 간직하고 있었다. 그에게 있어서 웃음은 하느님을 찬미하고 칭송하는 것이었다. 웃음은 인간을 인간으로 존재하게 한다. 웃음이 비로소 인간을 인간으로 만든다. 칼 라너에게 있어서 유머가 없는 신학자는 훌륭한 신학자도, 참된 인간도 아니었다. 라너의 말은 초기 그리스도교의 뛰어난 신학자인 이레네오 Irenaeus와 연결된다.

하느님의 영광은 바로 생생한 인간이다.

웃음은 인간 생동감의 표현이다. 그러므로 생생한 웃음을 짓는 인간은 하느님의 참된 영광이다. 자신의 명랑한 현존으로 인간에게 친절하고 사랑이신 하느님을 찬미한다. 하늘 아래 이보다 아름다운 것은 없다.

내면의 멜로디

구름 한 줌과 메뚜기의 도약 한 번

요아힘 링겔나츠 Joachim Ringelnatz 는 풍자시를 통해 자신의 생각을 즐겨 표현했다. 그의 풍자시에는 분명 많은 것이 숨어 있다. 일반인들이 지닌 고정관념을 의문에 처하게 하고 그들에게 새로운 길을 알려주는 즐거움이 있다. 그의 풍자는 일반인들이 가진 의혹이나 비판 같은 부정적인 시각에서 나온 것이 아니라 삶을 좋아하는 낙관적인 생각에서, 삶을 단순히 즐기고 싶은 동경에서 유래한다. 그는 여러 가지 의무에 짓눌려 골머리가 아프고 사람들의 기대로 중압감에 시달리는 것은 별 의미가 없다고 생각했다. 그는 신선한 여름을 노래한 다음 시를 통해 낙관적인 생각과 동경을 얼마나 채워야 하고 얼마큼이나 채울 수 있는지를 표현했다.

밝은 햇살 가득한 하늘에 떠가는
하얀 구름 조각에서 한 줌을 끌어당겨보아라.
그리고 짙은 녹색 풀 한 포기를 뜯어다
네 모자에 예쁘게 꽂아보아라.

너를 무성한 풀숲에 편안히 숨겨보아라.
몹시도 편안할 것이고 네 몸에 좋을 것이다.
그러면 너는 입에 하모니카를 물게 되리라.
네 마음에 떠오르는 대로 불어보아라.
한 줌의 자유로운 구름이 인도하는 대로
너의 멜로디가 흐르도록 두어라.
너 자신을 잊어버려라.
너의 생각이 메뚜기의 도약 한 번보다
더 나아가지 않도록 하여라.

   다양한 영상과 언어로 상상에 가득 찬 놀이를 펼쳐놓은 밝고 명랑한 시다. 삶이 가진 진지하고 무거운 측면을 잠시 잊게 하고 피조물에 대한 즐거움과 몰아沒我, 그리고 찰나에 현존하는 우주적 멜로디를 듣게 한다. 생각이 어떤 특정한 목적이나 목표 없이 마음대로 흐르게 하면서 삶의 즐거움을 언어로 표현했다. 링겔나츠도 하늘 아래 이보다 아름다운 것이 없음을 확신하고 있다.

삶을 밝고 명랑하게 바라보자

매 순간이 기적

– 너의 시간을 즐겨라

내면의 멜로디

깨어나라!

작가 막스 프리쉬Max Frisch는 소설 「호모 파버」(일하는 인간)에서 무거운 짐을 지고 오직 일과 자기 자신에게만 관심을 두고 사는 사람을 그리고 있다. 무거운 짐을 나르는 사람은 오직 땅만 바라보고 걸어가기 때문에 자신의 주변 도처에 놓인 행복을 보지 못한다. 가마를 타고 가는 사람은 자신에게 주어진 행복에 대해 아무것도 모른 채 무표정한 상태로 앉아 있다.

사람들은 행복과 얼마나 가까이 살고 있는지,
행복의 문이 얼마나 활짝 열려 있는지
알지 못한 채 걸어가고 있다.
시장에서 소매상을 하는 사람들은
물건을 파는 데만 혈안이고,
무거운 짐을 나르는 일꾼들은 혹시 어디 걸려 넘어져
다치지나 않을까 염려하는 마음에
땅만 살피면서 걷는다.
이들의 모습을 보면 놀라지 않을 수 없다.

가마를 타고 가는 주인들은 이따금 부채를 부치기도 하고
미소를 머금기도 하지만 무표정하게 가마 위에 앉아 있다.
이들의 모습을 보면서도 놀라지 않을 수 없다.
가마를 타고 가는 사람들이나
힘겹게 가마를 지고 가는 사람들이나
모두 나를 멍하니 쳐다보다 만다.
생각하기에 따라서 이들은 물을 지고 지나가는 사람에게
다음과 같은 말로 인사를 할 수도 있을 것이다.
'어이, 다정한 친구, 이 사실을 모르고 있는가?'
'무엇을?'
'사람이 얼마나 아름답고 멋진지 보이지 않는가?
이렇게 아름다운 날 말일세.'

행복은 이처럼 깨어 있는 것과 관련이 있다. 우리는 언제나 자신과 일에만 관심을 두어 주변에 놓여 있는 실제 사실을 보지 못한다. 막스 프리쉬에게 행복은 온전히 주관적이기만 한 것이 아니다. 행복은 아침의 신선한 기운 속에, 순간의 경이로움 속에, 떠오르는 태양의 아름다움 속에, 그리고 도처에 놓여 있다. 그러나 깨어 있지 않은 사람은 자기 곁의 행복을 인지하지 못한다.

내면의 멜로디

삶은 다양한 색깔로

삶은 날마다 새로운 모습을 보여준다. 삶이 아름답다는 사실을 설명하는 데 굳이 체계적인 이론을 동원할 필요는 없을 것이다. 오직 자신의 감각을 열기만 하면 된다. 삶을 향해 눈을 열고 주변 곳곳에 있는 아름다운 사물들이 다가오도록 놓아두면 된다. 시인 셀마 메르바움 아이힝거 Selma Meerbaum Eichinger는 다음 구절로 시를 시작한다.

보라, 삶은 다양한 색깔로 이토록 화려하다.

이 시를 읽으면 미처 의식하지 못하는 사이에 삶의 다른 부분이 다가온다. 시의 구절과 표상, 인상을 받아들이면 우리 안에서 삶에 대한 즐거움이 자란다. 어느덧 삶이 가볍고 밝아짐을 감지한다. 이런 시를 주의 깊게 읽는 사람, 시가 자신 안에서 작용하도록 받아들이는 사람은 시에서 무엇인가가 작동하는 것을 느끼게 된다.

보라, 삶은 다양한 색깔로 이토록 화려하다.
이 안에는 수많은 아름다운 공이 있다.
많은 입술들이 기다리고, 웃고, 작열하며
친구들을 소개한다.
길이 뻗어나가는 모습 하나만이라도 보라.
저다지도 넓고 밝다.
마치 나를 기다리기라도 하는 듯….

새로운 하루하루가 이와 같은 초대이다. 새로운 아침마다 삶은 나를 기다린다, 밝고 화려하게.

내면의 멜로디

아침의 경이

아침에 기분이 언짢은 사람이라면 후안 라몬 히메네스Juan Ramon Jimenez가 쓴 다음 시를 결코 읽지 않을 것이다.

> 하루를 시작하는 이 행복한 시간
> 살아 있음의 달콤함을 누리는 시간
> 현실이 아직 제대로 깨어나지도 않은
> 꿈을 덮는다.

많은 사람들이 아침에 일어나는 것을 힘들어한다. 따스한 침대 속에 그대로 누워 있고 싶은 것이다. 그래서 하루가 시작되는 행복한 시간이자 살아 있음의 달콤함을 누리는 순간이기도 한 이 시간을 잠으로 보내버린다. 하루가 시작되는 좋은 아침을 일어나 맞이하기보다 잠속에 그대로 빠져 있고 싶은 강한 유혹을 이겨내지 못한다. 이들은 하루가 시작되는 이 시간이 지닌 마술을 인식하려는 마음이 도무지 없다. 아침마다 눈을 제대로 뜨고 잠에서 깨어나는 사람에게 실존 세계도 깨어난다. 이들에게는 다음 잠언이 해당된다.

> 아침 시간은 황금을 입에 물고 있다.

내가 새로운 하루를 어떻게 시작할지는 나 자신에게 달린 문제이다. 일어나기 힘든 날로 맞이할 것인지, 약속된 날로 맞이할 것인지, 아니면 제대로 씻지도 않고 머리도 빗지 않고 힘도 신선함도 없이 졸린 채로 맞을 것인지는 모두 아침의 나에게 달려 있다. 살아 있음의 달콤함은 이미 와 있다. 그러나 이것을 감지해야 한다. 아직도 잠에서 덜 깬 졸린 눈으로는 이것을 알아볼 수 없다. 깨어나지 않은 가슴은 깨어난 실제를 인지할 수 없다.

나는 여름날 아침 5시 45분에 바치는 아침기도를 끝내고 시냇가의 길을 산책할 때면 '살아 있음의 달콤함'을 느낀다. 해는 벌써 들판 위로 떠올라 비추고 있다. 햇빛이 나뭇잎을 뚫는다. 아침의 신선한 기운이 나를 에워싼다. 나는 생생히 살아 있고 신선하며 사랑이 가득 찬 하느님께서 가까이서 나를 감싸고 계시는 것을 느낀다. 그러면서 나는 아침의 매력을 느낀다. 깨어난 창조물의 경이를!

내면의 멜로디

서두르지 말자

내가 가장 큰 감동을 받을 수 있는 요소는 내 주변의 사물들에 있다. 내 집 앞에 펼쳐진 초원, 책상 위에 놓인 꽃, 듣고 있는 음악, 내게 허락된 고요한 시간, 아름다움 등 이미 도처에 있다. 다만 내가 이들을 인지해야 한다. 나에게 열린 눈이 없다면 곳곳에 존재하는 이러한 요소들을 체험할 수 없고, 아름다운 색상들을 소개하는 목록도 볼 수 없다. 나는 이들을 접하지 못하고 지나치고 만다. 책상 위에 놓인 꽃은 내가 시간을 내어 충분히 들여다볼 때 그것만이 지닌 깊은 신비를 열어 보이며 내게 다가온다. 내가 깨어 주의 깊게 들여다볼 때 비로소 내 앞에 펼쳐진 아름다운 것들을 깊이 체험할 수 있다. 이런 체험을 한 번 한 사람은 신기한 이벤트를 찾아 여기저기 기웃거릴 필요가 없으며 가능한 최대한의 즐거움을 취하려고 흥미진진한 여행지를 찾아 이런 저런 여행사의 안내책자를 뒤적거릴 필요가 없다.

삶을 즐겨라,
생각보다 시간이 많지 않다!

유다인과 그리스인의 지혜가 함께 담겨 있는 코헬렛은 삶을 즐기라고 요청한다.

> 태양 아래에서 너의 허무한 모든 날에,
> 하느님께서 베푸신 네 허무한 인생의 모든 날에
> 사랑하는 여인과 함께 인생을 즐겨라.
> 이것이 네 인생과
> 태양 아래에서 애쓰는 너의 노고에 대한 몫이다.
> -코헬 9,9

사람은 자신의 삶이 얼마나 지속될지 알지 못한다. 그러므로 지금 이 순간을 맛보며 살아야 한다. 지금 이 순간은 하느님께서 사람에게 주신 선물이다.

삶을 즐겨라, 생각보다 시간이 많지 않다!

내면의 멜로디

　이 중국 속담은 삶을 즐기라는 코헬렛의 말씀과도 일맥상통하는 삶의 지혜이다. 즐거움을 뒤로 미루는 것은 큰 의미가 없다. 우리는 앞으로 몇 번이나 더 즐거움을 누릴 수 있을지 알지 못한다. 시간은 제한되어 있다. 이것은 이전에도 그랬고 현재에도 그렇다. 우리가 지금 이 순간에 온전히 있으면 이 순간은 우리에게 필요한 모든 것을 제공한다. 온전한 현재 이 순간은 존재와 아름다움 그리고 삶의 충만함이다.

가장 좋은 것

보라, 하느님께서 주신 한정된 생애 동안
하늘 아래에서 애쓰는 온갖 노고로
먹고 마시며 행복을 누리는 것이
유쾌하고 좋은 것임을 나는 깨달았다.
이것이 그의 몫이다.

-코헬 5,17

어떤 사람은 코헬렛의 설교자가 비관적인 사람이었을 것이라고 여긴다. 그러나 코헬렛의 설교자는 사물을 있는 그대로 바라본다. 그는 우리가 삶에 대해 갖는 환상을 두루 살펴본다. 아무리 많은 재산을 지니고 있어도 삶의 즐거움을 돈으로 사지는 못한다. 그렇다면 하느님께서 우리에게 선물하신 것을 즐기는 일만 남는다. 즐겁게 먹고 마시는 것이다. 삶은 충분히 고달프다.

내면의 멜로디

결정적 60초

당신이 화를 내면서 보내는 매 분마다
당신은 삶의 행복한 60초를 잃는다.

개신교 신학자이자, 의사이고 음악가인 알베르트 슈바이처는 삶을 근본적으로 행복한 것으로 보았다. 본래 우리는 삶의 매 초마다 행복한 것이다. 화가 우리를 사로잡도록 두는 것은 스스로 자신의 행복을 무너뜨리는 것이다.

우리를 화에 내던져 둠으로써 60초를 불행하게 지낼 것인지 아니면 이 시간을 감사하는 마음으로 받아들여 즐겁게 지낼 것인지는 우리의 결정에 달려 있다. 행복한 60초가 결코 여러 가지 행복한 사건들로 채워질 수는 없다. 1초 동안에 많은 일이 일어날 수는 없기 때문이다. 그러나 우리가 그 1초를 인지하면서 온전히 그 순간에 머물면 그 시간을 행복하게 지낼 수 있다.

맛의 풍부함

중국인들은 이렇게 말한다.

신맛, 단맛, 쓴맛, 매운맛, 이 모두를 맛봐야 한다.

중국 레스토랑에서는 음식을 요리할 때 다양한 소스를 사용한다. 그곳에는 달고 신 소스를 첨가한 닭고기 요리도 있다. 또 특별히 매운 음식도 있다. 이들 각자는 고유한 맛을 지닌다. 내가 이 음식들을 있는 그대로 존중하면서 먹으면 어떤 맛이든 즐겁게 먹을 수 있다. 중국 속담에는 다음과 같은 말도 있다.

쓴맛도 나의 삶에서는 훌륭한 역할을 할 수 있다.

나는 자신이 알지 못하는 음식은 먹지 않는 사람들을 자주 본다. 이들은 자신이 아는 음식만 먹는다. 이들은 세상에 존재하는 많은 종류의 풍부한 맛들을 놓치고 만다. 신맛, 단맛, 쓴맛 그리고 매운맛 등 모든 것이 삶에 속한다. 이 모든 것을 맛봐야 그것을 통해 삶 또한 인지할 수 있다.

매 순간이 기적

내면의 멜로디

모든 것이 빠르게 돌아간다 해도

우리는 종종 주변의 모든 것이 점점 더 빠르게 돌아간다고 느낀다. 신비가 앙겔루스 실레시우스는 우리가 서두름과 어떤 관계에 있는지 말하면서 그것이 오직 우리 자신의 선택에 달려 있음을 알려준다.

아무것도 저절로 돌지 않는다.
끊임없이 돌아가면서
조금의 휴식도 취하지 않는 수레바퀴는
바로 너 자신이다.

이 시대에는 모든 것이 점점 빨라지고 있다. 그러나 내가 이렇게 빨리 흐르는 시간과 함께할 것인가 그렇지 않을 것인가는 나의 선택에 달려 있다. 그것은 나의 수레바퀴에 달려 있는 것이다. 나는 관찰자로 머물 수도 있다. 그러면 외부의 속도는 나를 침범할 수 없다. 다시 말해, 외부의 모든 혼돈을 피해 나 자신에게로 돌아와 머문다. 내 주변을 온통 서두름과 무질서가 지배할지라도 내가 나의 중심에 있으면,

나는 이 서두름에 전염되는 일 없이 그것을 있는 그대로 인지할 수 있다. 물론 나는 내 주위를 도는 회전목마에 동승할 수도 있다. 그것은 내 선택의 문제이다. 우리는 자기 내면의 서두름을 다른 사람에게 전가해서는 안 된다.

내면의 멜로디

어디로?

잠시 멈추게. 어디로 달리고 있는가?
하늘나라는 자네 안에 있네.
다른 곳에서 찾는다면, 하늘나라를 조금씩 잃고 말 걸세.
-앙겔루스 실레시우스

저리도 빨리, 부산하게 쫓아다니는 사람들은 무엇을 찾고 있는가? 앙겔루스 실레시우스는 이들이 찾는 것은 결국 고향이고 안식처이며 편안하게 쉴 수 있는 하늘나라라고 생각했다. 그런데 이들은 고향을 외부에서 찾는다. 밖에서 하늘나라를 찾으려고 점점 더 빠른 속도로 달리고 있다. 그러나 하늘나라를 찾으려면 관심을 안으로 돌리기만 하면 된다. 그러면 자신 안에서 하늘나라를 발견하게 된다. 바로 거기에 자신이 찾는 모든 것이 있고 거기서 이들의 동경은 채워진다. 하느님께서 이들 안에 거주하시고 이들이 간절히 바라는 것을 모두 선사하시기 때문에 채워질 수 있고 멈춰 설 수 있으며 조용히 있을 수 있다.

우리에게 다음과 같은 질문은 긍정적으로 작용한다. '내가 이렇게 빨리 뛰어다니는 본질적인 이유는 무엇인가? 내가 해결하고자 하는 것은 무엇인가? 내가 이토록 서두르는 이유는 무엇인가? 서두름Hetzen은 미워하다hassen에서 유래한 말이다. 내가 나 자신을 미워하기 때문에 이렇게 서두르는 것일까? 아니면 내가 한꺼번에 너무 많은 것을 하고자 하기 때문에 이렇게 빨리 뛰고 있는 것일까? 그런데 내가 참으로 원하는 건 무엇일까? 내가 가장 동경하는 것은 무엇일까?' 앙겔루스 실레시우스는 우리가 가장 깊이 동경하는 것은 하늘나라라고 말한다. 이 하늘나라는 우리가 죽음을 거쳐야만 만날 수 있는 그런 의미의 하늘나라가 아니라 이미 우리 안에 있는 하늘나라이다. 우리가 바라던 어떤 것이 이루어지면 그 순간 우리는 "와, 천국에 온 것 같다"는 표현을 하기도 한다. 그러나 이 천상의 순간들을 붙들어 둘 수는 없다. 이 순간들은 우리를 거쳐 지나간다. 우리 안에서 하늘나라를 발견하고자 한다면 우리는 단지 눈을 안으로 돌리기만 하면 된다. 그러면 우리는 하늘나라에 있다. 그리고 천상의 순간을 누리게 된다. 그리고 우리는 바삐 서둘기를 멈추게 된다.

내면의 멜로디

그렇게 하다가는

목표에 빨리 도달하려고 서두르다가는
다리 하나가 부러지고 만다.

이는 독일 서남부 슈바르츠발트Schwarzwald 출신의 출판업자 프랑크 슈뵈러Frank Schwörer의 말이다. 이 이면에는 역설적인 의미가 있다. 어떤 일을 이루려고 자신의 온 힘을 다해 억척스럽게 일하는 사람을 두고 사람들은 "저러다가 다리 하나가 부러지고 말지"라고 한다. 성한 다리 하나만으로는 겨우 절룩거릴 수 있을 뿐 제대로 걸을 수 없다. 그 상태로는 결코 목표에 빨리 도달할 수 없다. 그러니 다리 하나가 부러져서는 곤란하다. 우리는 온 힘을 다 기울여야 목표에 도달할 수 있을 것으로 생각한다. 온 힘을 다하는 사람은 어느 정도까지는 좀 더 나은 결과를 가져올 수 있을 것이다.

그러나 지속적으로 그렇게 하다가는 녹초가 되고 말 것이다. 과로는 그를 병들게 하고 회복하는 데 많은 시간이 걸리게 한다. 결국 그 병은 그가 원하는 일을 성취하는 데 방해가 될 것이다. 그러므로 건강에 좋지 않은 서두름은 피해야 한다. 언제나 평안과 함께해야 한다.

내면의 멜로디

기다림의 기쁨

기다릴 수 있는 사람만이 어떤 것을 기다릴 수 있다.

칼하인츠 가이슬러Karlheinz A. Geißer의 말이다. 기다릴 수 있는 사람만이 기다림이 필요한 어떤 것을 가질 수 있다. 모든 것을 즉시 해결해야만 하는 사람과 모든 욕구를 즉시 해결할 수 있을 것으로 생각하는 사람은 참으로 살아갈 능력을 갖기 어렵다. 그런 사람의 삶은 천편일률적이고 흥미가 없으며 욕구를 즉시 해결하려는 데만 혈안이 된다. 이것은 짐승의 단계이다. 짐승은 특정한 무엇을 기다리지 않는다. 먹이를 발 앞에 갖다 주면 즉시 먹는다. 배고픈 짐승은 기다리면서 기다림을 통해 기쁨이 커지게 할 수 없다. 오직 사람만이 기다릴 수 있다. 그러나 오늘날 많은 사람들이 기다리는 것을 잊어버렸다. 기다리는 것을 더 이상 할 수 없는 사람은 넓은 마음을 가질 수 없고 충만의 기쁨을 누릴 수 없다. 기다림은 마음을 넓힌다. 기다림은 기다리는 사람 안에 삶을 증진시키는 긴장을 형성한다. 이러한 내적 긴장 속에 참된 삶과 충만한 삶이 우리를 기다린다.

213

온전히 지금 이 순간에

시간을 잘못 사용하면 온전히 지금 이 순간에
존재할 수 있는 능력을 상실하게 된다.

            종교철학자인 오이겐 로젠스톡–후세이Eugen Rosen-stock-Hussey의 이 말은 우리의 통찰력에 혼돈을 가져오는 것 같다. 우리는 어떤 경우에 시간을 잘못 사용하는 것일까? 로젠스톡–후세이의 생각은 다음과 같다. 시간 속에 너무 많은 것을 처넣을 경우 시간을 잘못 사용하는 것이다. 또 아무런 주의도 기울이지 않은 채 시간이 흘러가도록 내버려 두었을 때, 의미 없는 텅 빈 행동을 지나치게 많이 해서 지칠 때 우리는 시간을 잘못 사용한 것이다. 이렇게 잘못 사용한 시간은 우리를 현재, 지금 이 순간에서 벗어나게 함으로써 벌한다. 이 시간은 자기 삶에서 잃어버린 시간이 된다. 잃어버린 시간 속에서는 자신도 잃는다. 내가 나를 느끼지 못한다. 내가 내게 머물지 못한다. 지금 이 순간에 있지 못한다. 더 이상 현재의 이 순간이 아닌 시간은 내가 이 순간을 살아가는 것을 불가능하게 한다. 시간 자체가

내면의 멜로디

내게서 달아나버린다. 내가 시간을 뒤쫓거나 시간을 간과하게 된다. 시간은 자신의 신비를 나에게 열어 보이지 않고 나를 스쳐 지나간다.

여섯 시간 노동이면 충분하다

하루에 여섯 시간을 노동하는 데 할애하면 충분하다.
나머지 시간은 살아라!

고대의 작가 루키안Lukian의 이 말을 노동조합원들은 자신들의 이익을 추구하는 데 기꺼이 활용하려 들 것이다. 그러나 루키안의 이 말이 노동조합이 요구하는 사항에 그대로 부합될 수는 없다. 이 말은 임금이 지불되는 노동과 적절한 임금에 대한 언급이 아니기 때문이다. 이 말은 하루의 시간을 어떻게 배정할 것인가에 관한 말이다. 여섯 시간 동안 일하면 상당히 많은 성과를 올릴 수 있다. 창의적인 정신으로 여섯 시간 동안 일하면 그것으로 충분하다. 삶의 목표는 가능한 한 많이 일하는 것이 아니라 가능한 한 많이 사는 것에 있다. 산다는 것은 가능한 한 많은 것을 체험하고 일과 후 가능한 많은 놀이와 쾌락에 빠져드는 것을 의미하지 않는다. 산다는 것은 온전히 현재 이 순간에 있는 것을 의미하고 객관적으로 존재하는 세계를 있는 그대로 인지하는 것을 의미한다. 그리하여 삶의 신비를 더듬어보는 것을 의미한다.

내면의 멜로디

은퇴

어떤 사람에게 충분한 휴식을 취하라고 말하는 것은
그에게 행복하게 살라고 말하는 것과 같은 의미이다.
– 블레즈 파스칼Blaise Pascal

휴식을 취할 능력을 갖지 않은 사람은 결코 행복하게 살아갈 수 없다. 이는 충분한 휴식을 취하라고 말하는 것만으로는 해결될 수 없다. 오늘날 많은 사람들이 고요와 휴식을 취할 능력을 상실했기 때문이다. 이 사람들은 결코 행복할 수 없다. 고대 철학에서 휴식은 높은 가치를 지닌 것이었다. 휴식을 충분히 취하는 것, 한가함을 즐기는 것 안에 인간의 품위가 들어 있다. 그런데 오늘을 살아가는 우리는 휴식할 수 있는 분위기와 시간을 갖는 것부터 다시 배워야 한다. 자신이 처한 현실을 똑바로 볼 준비가 되어 있지 않은 사람은 결코 휴식을 취할 수 없다.

217

기쁨은 저녁식사

라인 강 하류 지역에 위치한 아우구스티노회의 수도자 토마스 폰 켐펜Thomas von Kempen이 쓴 「준주성범Nachfolge Christi」은 중세에 성경 다음으로 많이 읽혔다. 오늘날 우리에게는 이 책에서 요구하는 바가 부담스러울 수도 있다. 이 책이 실행하라고 제시하는 아스케제(자기훈련)는 삶을 부정하라고 말하는 듯하다. 그러나 토마스 폰 켐펜에게 아스케제의 목표는 기쁨이다. 우리는 다음과 같은 글을 읽을 수 있다.

하루를 유용하게 보낼 때마다 기쁨은
당신의 식사가 된다.

그런데 토마스 폰 켐펜에게도 기쁨은 조건을 달고 있다. 주어진 하루를 유용하게 보내면, 다시 말해 시간을 잘 활용하면, 깨어 의식해서 살면, 선하게 살면, 올바르게 처신하면, 하느님의 뜻을 채우면 등으로. 그러면 기쁨이 바로 나의 저녁식사이다. 기쁨은 충만한 삶의 표현이다. 그리고 기

내면의 멜로디

쁨은 나를 먹여 살리는 저녁식사와 같은 것이다. 영혼은 기쁨으로 충만하다. 감사하는 마음으로 하루의 일과를 돌아볼 수 있는 사람은 기쁨으로 가득 차게 된다. 그 기쁨은 저녁과 밤 시간 내내 지속된다. 기쁨은 한밤중에 그의 영혼 안에 깊이 자리 잡아 다음날 맞는 여러 가지 갈등에도 불구하고 결코 떠나지 않고 머문다.

현재 네 나이를 즐겨라

너무 젊은 나이와 너무 늙은 나이 사이의 틈은
조금밖에 되지 않는다.
―샤를 드 몽테스키외Charles de Montesquieu

지혜를 담은 말이다. 나는 나이가 들면서 항상 지금 이 순간을 즐긴다. 나는 젊은 날을 아쉬워하지 않는다. 그 시간은 지나가버렸다. 물론 그 시간은 아름답고 좋았다. 그러나 다시 젊어지고 싶지는 않다. 내가 나이가 많다는 것에 대해 놀라지도 않는다. 나는 내가 어떻게 더 성장해 나갈지 그리고 앞으로 다가올 몇 해 동안 어떤 경험들을 하게 될지 그것이 흥미진진하다.

그런데 많은 사람들이 이와 다르게 생각한다. 젊은 사람들은 어른이 되기를 간절히 바란다. 이들은 세상사에 참여하고 싶어하며 세상을 함께 만들어가고자 한다. 그러나 얼마 지나지 않아 서른 살에 접어들면 두려워하기 시작한다. 인생에서 가장 좋은 시기가 얼마 남지 않았다고 생각하기 때문이다. 마흔 살의 생일을 맞이한 사람들은 젊은 시절과

내면의 멜로디

영원히 이별하게 되는 것을 두려워한다. 오십 세의 생일을 맞이한 사람들은 더욱 좋지 않은 상태에 빠져든다. 삶의 충만을 즐기기보다 잃어버린 시간을 슬퍼한다. 이런 사람들은 결코 지금 이 순간을 살아가지 못한다. 이들은 각각의 나이가 지닌 신비를 즐기지 못한다. 이들은 언제나 너무 젊거나 너무 늙었기 때문이다. 자신이 지금 맞이한 나이에 결코 만족하지 못한다. 이 사람들은 언젠가 자신이 한번도 제대로 살아보지 못한 사실을 인정해야만 한다. 이들은 언제나 너무 젊거나 너무 늙었다. 제 나이에 이른 적이 없다. 이들은 '지금 이 순간'을 맛보지 못했다. 매순간, 그리고 각각의 나이는 모두 좋은 것이다. 현재 나이를 다른 시기와 비교하지 말아야 한다. 내가 온전히 지금 이 순간에 살면 현재 내 나이가 갖는 신비가 나에게 열린다. 그러면 나는 바로 이 순간에 존재하는 것과 이 순간을 살아가는 기회를 인지하게 된다.

221

불로초

지혜의 스승 예수 시락Jesus Sirach은 삶의 기술에 대한 유다인들의 지혜와 그리스인들의 지혜를 한 데 모아 종합했다. 그가 편집한 집회서에는 지금도 여전히 유효한 다음과 같은 조언이 있다.

슬픔에 너 자신을 넘겨주지 말고
일부러 너 자신을 괴롭히지 마라.
-집회 30, 21

이는 낙관적인 지혜이다. 우리는 스스로 삶을 힘들게 만들 수 있다. 부정적인 생각들을 억압하거나 배제해서는 안 된다. 그렇지 않으면 이들은 우리가 어디를 가든 따라다니며 괴롭힐 것이다.

여기서 말하는 바는 이따금 우리 안에서 솟아오르는 슬픔과 거리를 유지하라는 뜻이다. 나는 이것을 억압하거나 배제하지 않고 있는 그대로 인지한다. 슬픔을 인지하면 나는 그것을 놓아버리고 거리를 유지하게 된다. 지혜의 스승 시

내면의 멜로디

락은 기쁨이 사람의 본질에 일치하는 것으로 확신했다. 기쁨은 사람을 건강하게 하고 오래 살게 한다.

영원의 맛

모든 즐거움은 영원을 원한다! …깊고 깊은 영원을.

니체가 외친 말이다. 이는 그가 어디서나 오직 죄만 보며 즐거움을 적대시하는 경직된 그리스도교를 거슬러 말한 것은 아니다. 오히려 생생히 살아 있는 종교에 대한 깊은 동경의 표현이자 하느님과 연결시켜주는 즐거움에 대한 동경의 표현이다.

니체는 이러한 즐거움을 몹시 동경했다. 그는 질병에 시달리고 있었기 때문에 즐거움을 충분히 체험할 수 없었다. 우리는 즐거움을 오랜 시간 지속해서 체험할 수 없다.

하지만 즐거움은 한정된 시간 속에 있는 우리의 제한성을 넘어선다. 즐거움은 시간을 깨뜨리기 때문이다. 즐거움 안에는 동경이 있고 영원에 대한 예감이 있다. 여기서 말하는 영원은 시간이 오래 지속됨을 의미하는 것이 아니다. 온전히 내가 현재 하고 있는, 느끼는, 바로 내 속에 있는 나를 깊이 체험하는 순간을 의미한다. 이러한 체험은 온몸을 관통하고 사람의 몸과 마음을 온통 흔들어 놓으며 사람의 가장

내면의 멜로디

깊은 내면을 뒤엎어버린다.

  이 즐거움은 그 내부에 영원의 맛을 지닌다. 그리고 우리의 가장 깊은 동경을 채워줄 수 있는 유일한 그분을 알려준다.